最強的妖怪，就決定

# 妖怪競技場

## 前所未見的夢幻對決

監修　村上健司

瑞昇文化

# 如果讓各擁絕技的妖怪們
# 同場競技的話，
# 將會迎來什麼樣的結果呢……？

　　如果我們去調查各地流傳的妖怪傳說，就能發現有很多描述妖怪之間互相爭鬥的故事。

　　舉例來說，在宮城縣仙台市就存在著以流經其中的廣瀨川為舞台，描述源兵衛淵的大鰻與賢淵的大蜘蛛彼此對決的「淵主對戰」傳說。

　　群馬縣赤城山的大蜈蚣與栃木縣男體山的大蛇也在戰場原持續爭鬥。

　　此外在德島縣，也流傳有眾多狸貓分成兩邊陣營展開大戰的「阿波狸合戰」傳說。

　　當我們檢視這些傳說故事後，是不是會因此誤以為妖怪們都是相當好戰的呢……？

　　基本上，妖怪其實是不太挑起紛爭的。

　　因為妖怪原本就對其他妖怪的情況抱持著漠不關心的態度。除非是像面臨到爭奪地盤、自身的性命受到危害等情況時，才不得不挺身戰鬥。

不過——。

　　當我們認識了更多妖怪之後，總是會在心中開始浮現「哪一個妖怪比較強？」、「如果是這個妖怪的話，用這個能力戰鬥會很有利喔」之類的想像。

　　而本書的內容，就是跨越時代和環境的的限制，將眾多妖怪聚集起來，展開一場彼此能力的勝負決定戰。

　　這場妖怪世界的異種格鬥技對抗賽，最後究竟會是什麼樣的強者會獲得勝利的冠冕呢……？接下來就請各位盡情享受這些在現實之中無法實現的想像對戰吧！

村上健司

# 目次

## 最強妖怪王者
### 爭霸淘汰賽

## 特別戰 日本妖怪 對 世界妖怪
### 五戰勝負

## 專欄

## 妖怪的選出標準

日本各地存在著各式各樣的妖怪。只不過,擁有戰鬥用技能的妖怪其實並不多,因為大多數的妖怪都是特化出嚇唬人類的能力。因此我們編輯部這次就是從日本的妖怪中優先選出戰鬥能力特化的類型。

此外,為了盡可能讓大家享受各式各樣的戰鬥,我們也精選出運用身體能力戰鬥的類型、驅使妖力的類型、巨大尺寸與小尺寸妖怪類型、動物類型與人類類型等等領域多元的妖怪。

當然,我們也想在此說明,除了這次本書所選出的妖怪之外,其實還有很多擅長戰鬥的妖怪存在。因此本書所進行的淘汰賽只是模擬對戰的其中一種形式而已。

## 本書的閱讀法

### 妖怪介紹頁面

① 表示這是淘汰戰的第幾場賽事。

② 本場參戰妖怪的名稱。

③ 參戰妖怪的CG插圖。

④ 參戰妖怪的必殺技解說。

⑤ 參戰妖怪的簡介。

⑥ 參戰妖怪的力量（腕力）、攻擊力、速度、恐怖度、妖力、防禦力等六階段的能力值雷達圖。

⑦ 參戰妖怪的推測體長、其傳說流傳的地域（也會在地圖上顯示）、必殺技、曾經出現過的文獻典籍。

## 戰鬥場面

① 介紹本場戰鬥的舞台與背景。

② 重現戰鬥場面的CG插圖。

③ 決定勝負的決勝點。

④ 特別解說以「關鍵一擊」分出勝負的妖怪能力。

⑤ 顯示勝出的妖怪，並簡單彙整本場戰報。

## 關於關鍵的一擊

本書提到的「關鍵的一擊」，是以傳說中流傳的妖怪能力為基礎設定的。
其中也會採用不會造成致命傷，僅止於能產生驅離效果的技能。

# 最強妖怪王者爭霸
# 淘汰賽對戰表

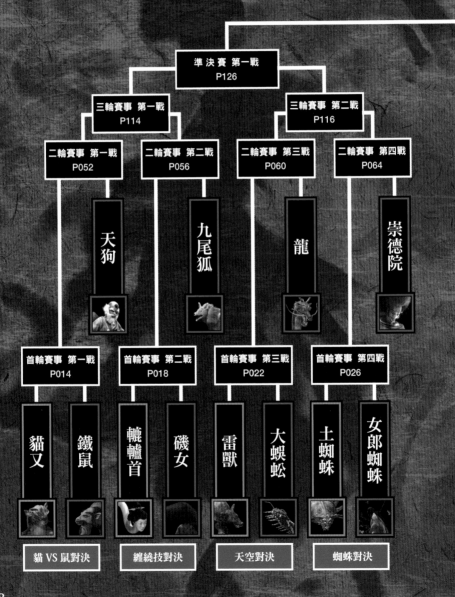

準決賽 第一戰
P126

三輪賽事 第一戰
P114

三輪賽事 第二戰
P116

二輪賽事 第一戰
P052

二輪賽事 第二戰
P056

二輪賽事 第三戰
P060

二輪賽事 第四戰
P064

天狗

九尾狐

龍

崇德院

首輪賽事 第一戰
P014

首輪賽事 第二戰
P018

首輪賽事 第三戰
P022

首輪賽事 第四戰
P026

貓又

鐵鼠

轆轤首

磯女

雷獸

大蜈蚣

土蜘蛛

女郎蜘蛛

貓 VS 鼠對決

纏繞技對決

天空對決

蜘蛛對決

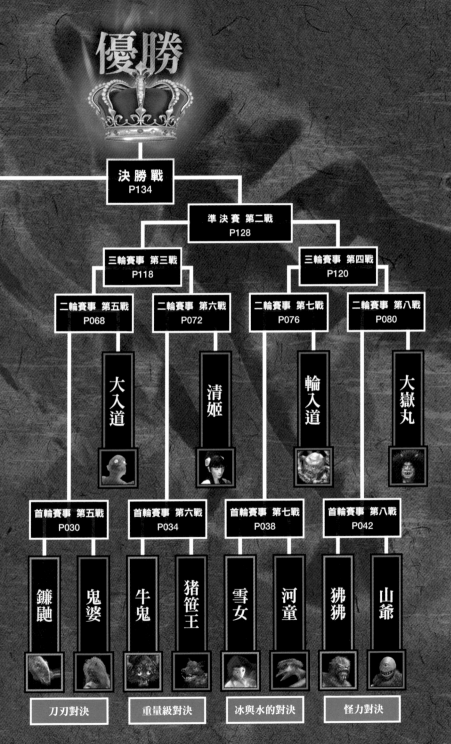

優勝

決勝戰
P134

準決賽 第二戰
P128

三輪賽事 第三戰
P118

三輪賽事 第四戰
P120

二輪賽事 第五戰
P068

二輪賽事 第六戰
P072

二輪賽事 第七戰
P076

二輪賽事 第八戰
P080

大入道

清姬

輪入道

大嶽丸

首輪賽事 第五戰
P030

首輪賽事 第六戰
P034

首輪賽事 第七戰
P038

首輪賽事 第八戰
P042

鎌鼬

鬼婆

牛鬼

猪笹王

雪女

河童

狒狒

山爺

刀刃對決

重量級對決

冰與水的對決

怪力對決

# 特別戰

# 日本妖怪 對 世界

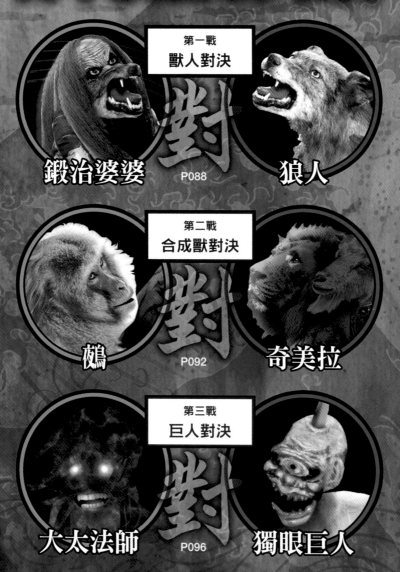

# 妖怪 五戰勝負

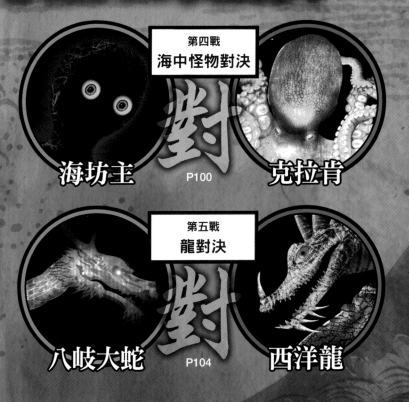

第四戰
海中怪物對決

對

海坊主　P100　克拉肯

第五戰
龍對決

對

八岐大蛇　P104　西洋龍

五個日本妖怪與同類型的世界妖怪大亂鬥！決定誰才是狼型獸人頂點的第一戰、如何活用合成動物特性將會是決勝關鍵的第二戰、驚人體型之間對決的第三戰、爭奪大海霸權的第四戰、接著是位列這五場對戰高潮階段──第五戰的龍群爭霸……席捲全世界的命運之戰，即將要敲響宣告開幕的銅鑼！

# 戰鬥的規則

① 各淘汰賽的組合是由抽選決定的。

② 即使是體格、體重等條件相差極大的對戰組合，亦不會設置讓分條件。

③ 戰鬥的舞台設定在和妖怪們實際棲息的環境無關的地方。因此不會對
參戰雙方形成太大的劣勢。

④ 關於天候、氣溫、水溫等環境條件，也不會對參戰雙方形成太大的劣勢。

⑤ 如果參賽妖怪擁有因時間帶推移產生能力變化的特性，比賽時將設定
成妖怪會展現如同處在其活躍時間帶般的能力。

⑥ 戰鬥的落敗條件設定為因受傷等因素導致無法戰鬥或死亡，或者是明
顯地喪失戰鬥意志而逃亡等情況。在任一方達到這些標準之前，比賽
就會無限持續下去。

⑦ 賽事設定為勝利者的傷和疲勞不會延續至下一場對決。

# 其他注意事項

- 本書的主要目的並非是要看妖怪們互相傷害才進行對
戰，而是希望透過戰鬥讓各位了解妖怪的特質與能力。

- 本書所收錄的妖怪之間的對決，是以歷史文獻與民間傳
說為基礎進行的模擬過程。並不保證進行多次同樣對戰
都會得到和本書內容一樣的勝敗結果。

- 本書對於登場的妖怪會給予紅白兩組的分類，主要是為
了能更清楚地顯示勝負的結果。

# 最強妖怪王者
## 爭霸淘汰賽對戰
### 首輪賽事

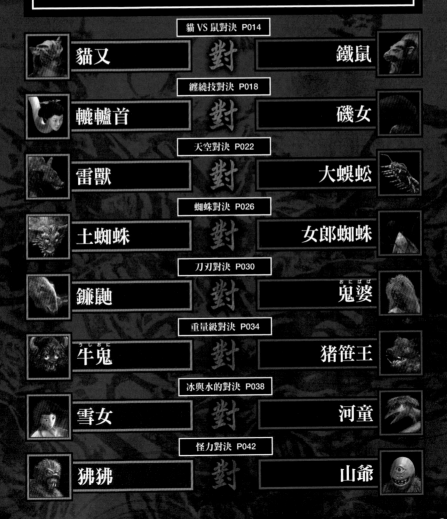

貓 VS 鼠對決 P014

貓又　對　鐵鼠

纏繞技對決 P018

轆轤首　對　磯女

天空對決 P022

雷獸　對　大蜈蚣

蜘蛛對決 P026

土蜘蛛　對　女郎蜘蛛

刀刃對決 P030

鐮鼬　對　鬼婆

重量級對決 P034

牛鬼　對　猪笹王

冰與水的對決 P038

雪女　對　河童

怪力對決 P042

狒狒　對　山爺

# 貓又

## 擁有妖力的老貓

### 必殺技　驚人的跳躍攻擊

只在妖力不足時才使出的強力武器，銳利貓爪。搭配從五層樓跳下來也毫髮無傷的驚人跳躍能力，一旦遭受這種攻擊，絕對讓人很難提防。

力
防　　攻
妖　　速
恐

年老的貓獲得妖力之後，尾巴分出兩岔、化成妖怪，從鎌倉時代開始就讓人類為之忌憚。雖然會用雙腳站立奔馳襲擊人類，但也有在頭上綁著手巾跳舞這種開朗的形象。據說都潛伏在山林的深處。

**妖怪資料**

| | | |
|---|---|---|
| 體　長 | （推測）45 cm | |
| 傳承地區 | 本周、四國、九州地區 | |
| 必殺技 | 驚人的跳躍攻擊 | |
| 出　處 | 『明月記』、『宿直草』等 | |

出沒地域

# 鐵鼠

統領八萬眷屬的巨鼠

**力**
**攻**
**速**
**恐**
**妖**
**防**

## 必殺技　鼠群的總攻擊

比起質更重視量！老鼠大軍進攻。即使單隻個體很小，但是聚集8萬4千隻同伴就能用壓倒性數量襲向對手。長期在寺院中啃食經典、佛像而鍛鍊出的牙齒也威力十足。

　　據說在平安時代，僧侶賴豪受天皇所託，祈求皇子的誕生。但之後賴豪所期待的獎勵卻被延曆寺介入而破滅。憤怒的賴豪因此絕食而死，之後化身為擁有鋼鐵般牙齒的巨鼠。率領著龐大的鼠群襲擊延曆寺。

| | |
|---|---|
| 體 長 | （推測）30cm |
| 傳承地區 | 京都府 |
| 必殺技 | 鼠群的總攻擊 |
| 出 處 | 『源平盛衰記』、『太平記』等 |

出沒地域

妖怪資料

暗雲籠罩了悠閒的妖怪世界，宣告「最強妖怪王者爭霸淘汰賽對戰」開幕的銅鑼聲就此響起！首輪賽事的第一戰是由貓又VS鐵鼠。究竟是強力的爪牙、還是鋼鐵一般的前齒會勝出呢？提到貓與老鼠的天敵對決，一般來說總是會覺得貓會打贏。但是……！

## 決戰開始

### 1 貓與老鼠的對決，果然是宿命之戰嗎？

維持對峙、雙方一動也不動。咧嘴一笑的貓又露出了發出白光的牙齒。對於長年身經百戰的貓又來說，體格絲毫不輸給自己的鐵鼠，也不過只是享用正餐前品嚐的小菜嗎？

### 2 貓又突然一躍！但鐵鼠還是相當冷靜

活用驚異的身體能力，貓又朝著空中驚天一躍！不愧是在世間打滾已久的妖怪貓。這個從空中迎面而來的攻擊也讓鐵鼠嚇了一跳，不過隨即閃身躲開，並準備反擊。

# 3　決勝點

**黑色的地毯朝這邊席捲而來!**

鐵鼠攤開雙手,8萬4千隻的老鼠同伴們宛如潮水般洶湧襲來!貓又根本來不及反應,就被宛如黑色地毯般的鼠群所擊倒。獲得壓倒性勝利的鐵鼠,對貓又合掌、並誦念佛號。

## 關鍵的一擊!!
### 老鼠大軍的暴走

在絲毫沒有讓人察覺的情況下聚集的老鼠大軍集結起來,一口氣發動總攻擊,打倒了貓又!

**勝者　　紅**

## 鐵鼠

打從一開始雙方處於對峙狀態之時,鐵鼠就已經想到這招戰術了。真不愧是過去曾率領老鼠大軍襲擊延曆寺的謀士!從戰術面來評估的話,過去曾是僧侶的鐵鼠真的相當強悍!

下場對戰　轆轤首 對 磯女 ⟹

# 轆轤首

## 能夠伸向千里之外的頸子

### 必殺技　長頸絞殺技

能夠伸出長～長的頸子，將對手纏繞起來，展現超乎女性力量的絞殺能力。此外，還擁有只讓頭部脫離身體、朝著敵人飛去，藉此進行攻擊的「飛首」技能。

力
攻
速
恐
妖
防

在夜深人靜、眾人皆在熟睡之時，一名女性的頸子開始長～長地伸出、舔食放在離自己一段距離之外的燈油，轆轤首就是這樣的妖怪。雖然不會做出太過嚴重的惡行，但是只要被那超出身高數倍的長頸子困住的話，就可能會窒息而死的喔！

### 妖怪資料

|  |  |
|---|---|
| 體　長 | （推測）150 cm |
| 傳承地區 | 本週、四國、九州地區 |
| 必殺技 | 長頸絞殺技 |
| 出　處 | 『古今百物語評判』、『甲子夜話』等 |

出沒地域

# 磯女

吸血妖女

妖怪資料

## 力 / 攻 / 速 / 恐 / 妖 / 防

### 必殺技 吸血之髮

有著一頭長及地面、又黑又濕的頭髮。事實上，這可是能夠吸收血液的頭髮喔！她會對鎖定的目標發出奇特的聲音，一邊將頭髮捲住獵物，接著開始吸血。

當你在海邊向一名獨自佇立的女性搭話，卻發現她上半身是個相當漂亮的美女，但下半身竟然宛如幽靈般虛無飄渺時，你碰到的就是磯女了！有時候下半身也會以龍或蛇身的姿態顯現。光是看到她的樣貌，就可能讓人驚嚇到呼吸停止呢！

| 體長 | （推測）150 cm |
|---|---|
| 傳承地區 | 九州地區 |
| 必殺技 | 吸血之髮 |
| 出處 | 『綜合日本民俗語彙』等 |

出沒地域

妖怪資料

第二戰是由轆轤首VS磯女的「海岸決鬥」，是受到大家矚目的妖怪女子對決。偶然在海邊邂逅漫步中的女子，會是伸出頭髮的磯女、還是伸長頸子的轆轤首呢？賭上高人氣妖怪女子的尊嚴與榮耀，驚天動地的纏繞技對決即將展開！

## 決戰開始

### 1

**妖怪女子對決，就在杳無人跡的海岸展開**

悄悄地接近獨自在海邊漫步的女子，磯女伸出了她長長的黑髮。但這其實是轆轤首設下的陷阱、是誘出敵人的佈局！提到威嚇技巧，很難有人勝過轆轤首。

### 2 戰局就由轆轤首發動的突襲展開了！

就在磯女的頭髮就要碰到對方的瞬間，對方的頸子竟然開始扭轉、延伸。真不愧是磯女，雖然被轆轤首瞬間扭曲的長頸嚇了一跳，但也立刻重整回擊的陣勢。

# ③ 決勝點

## 翻花繩戰法竟讓敵我皆傷！

轆轤首和磯女的對決，讓長頸、長髮相互交纏在一起。但是因為實在太長了，很難分辨被困住的到底是自己還是對手。呈現有如翻花繩的形態，最後雙方同時不支倒地。

關鍵的一擊！！

### 妖怪翻花繩戰法

纏繞對方藉此困住行動的戰法，在近戰的時候是相當有效的戰術，但是當兩方都使出這一招的時候，就可能演變成無法解開交纏狀態的局面。

### 勝者

# 雙方平手

雖然接近轆轤首的瞬間扭曲陷阱對磯女相當不利，但兩者的戰鬥技巧實在太過相似了！雙方交纏過頭，結果陷入彼此都無法動彈的局面，真是讓人悔恨的和局。

下場對戰　雷獸 對 大蜈蚣 ⇒

# 雷獸

**轟雷製擎電的化身**

## 必殺技　電擊爪

　將自然界猛烈的雷之力流竄全身，以雷光般的速度使出纏繞雷電的爪子攻擊，擁有比雷擊更強的威力，讓人難擋其招。

力

攻

速

恐

妖

防

　在天際劃過閃電、大地雷鳴馳騁之時出現的妖怪。據說會乘著黑雲登場。體型並不大、耳朵很小、外觀姿態宛如鼬鼠。傳說如果被牠偏內側的捲爪抓傷，就會中毒，因此太過輕忽絕對是大忌。

**妖怪資料**

| | | |
|---|---|---|
| 體　長 | （推測）30cm | |
| 傳承地區 | 本州、四國地區 | |
| 必殺技 | 電擊爪 | |
| 出　處 | 『繪本百物語』、『越後名寄』等 | |

出沒地域

# 大蜈蚣

兇惡的毒牙

## 必殺技　猛毒之牙

堅硬的身軀、無數的腳，對於敵人來說絕對是一大麻煩。但更勝於此的武器就是他的尖牙。上面藏著劇毒，只要被一口咬到，很可能瞬間就會引發致命危險。

力
防　　攻
妖　　速
恐

蜈蚣巨大化後的妖怪。據說其體型龐大到能夠繞行一座山七圈半，還有著普通的弓箭和劍都無法造成傷害的堅硬身軀。雖然無法往後倒退，但另一方面來說，對前方的突進能力是絕對不容小覷的。搭配上鐵壁般的身體，就能產生相當大的攻擊力。

| 體　長 | （推測）100cm |
| --- | --- |
| 傳承地區 | 關東、中部、近畿地區 |
| 必殺技 | 猛毒之牙 |
| 出　處 | 『和漢三才圖會』、『今昔物語集』等 |

出沒地域

妖怪資料

第三戰是由「妖怪界的對地攻擊機」·雷獸，對上「超巨型重戰車」·大蜈蚣的賽事。能纏繞山峰七圈半的大蜈蚣也能躍上天空。面對這樣的龐大巨體，施展閃電高速的雷獸究竟會採取什麼樣的作戰方式呢？在晴日遍照的決戰場地，一場天空中的大戰就此揭幕！

## 決戰開始

### 1 雙方都在尋找彼此的破綻，寂靜的序盤戰開始了

大蜈蚣盤踞山頭，等待著敵人攻過來。找尋對手破綻、渾身纏繞電光的雷獸正在牠的周圍盤旋。相互觀察對方出招的序盤戰開始了！

### 2 連電擊爪都能彈開，堅韌的外骨骼甲冑

發現瞬間的破綻，雷獸率先展開攻擊！靠著能媲美雷光的高速，從大蜈蚣的背後發動了電擊爪攻勢。只不過，大蜈蚣的外骨骼可是擁有連雷獸爪子都能反彈的堅硬度。

## 決勝點

**③ 接下這招猛毒之牙！**

雷獸接連對大蜈蚣的身體各處發動攻勢，似乎是想找出對手的弱點。但就在這個時候，大蜈蚣用牠眾多的腳抓住了雷獸，接著成功用利牙咬住對方。這一咬就直接擊倒對手。

## 關鍵的一擊!!

### 毒咬攻擊

蜈蚣的牙齒有劇毒，而巨大妖物‧大蜈蚣的毒性更是驚人。靠著張口一咬就制服了雷獸。

**勝者 — 紅**

# 大蜈蚣

即便握有大自然神奇的雷電之力也無法打敗大蜈蚣。連龍神族都有所顧忌的大蜈蚣，相傳除了被認為是礦山的守護神、以及毘沙門天的使者之外，也是妖力擁有者。

下場對戰　土蜘蛛　對　女郎蜘蛛 ⟹

# 土蜘蛛

## 詭異的吃人蜘蛛

### 必殺技　蘊含妖力的眼睛

　　一旦被那目光銳利的巨大眼睛鎖定，就萬事休矣了。看起來圓滾滾、相當可愛的眼睛，其實隱藏著相當強大的妖力，能夠放出有如閃光燈般的刺眼強光。

力
攻
速
恐
妖
防

　　是體型巨大、還有著一張鬼怪般面孔的蜘蛛妖怪，據說也會變身成絕代美女或僧侶之類的人物。會利用在深山中編織的蜘蛛網捕捉人類。相傳平安時代的武將‧源賴光曾打倒過土蜘蛛，並在牠的腹中發現了大量的人骨。

妖怪資料

| 體長 | （推測）150cm |
| --- | --- |
| 傳承地區 | 近畿地區 |
| 必殺技 | 蘊含妖力的眼睛 |
| 出處 | 『平家物語』、『土蜘蛛草紙』等 |

出沒地域

# 女郎蜘蛛

## 棲息在瀑布的蜘蛛女

**必殺技** 傀儡小蜘蛛

當人類被從屬的小蜘蛛所結的網困住後，女郎蜘蛛再不費吹灰之力地慢慢將人拖入水中。接著開始吸取鮮血。

力
防 攻
妖 速
恐

相傳是位於靜岡縣伊豆市的「淨蓮瀑布」之主，會襲擊靠近瀑布的男人，吸他們的血。據說當人們在瀑布旁休息時，腳會突然就被眾多的小蜘蛛用蜘蛛絲綁住。被捕獲之後，就成為在水中等候的女郎蜘蛛的大餐。

| | |
|---|---|
| 體長 | （推測）100cm |
| 傳承地區 | 本州 |
| 必殺技 | 傀儡小蜘蛛 |
| 出處 | 『太平百物語』、『宿直草』等 |

出沒地域

妖怪資料

第四戰也是備受關注的蜘蛛同族對決，這是淨蓮瀑布之主‧女郎蜘蛛與棲息在山中洞窟的巨大土蜘蛛的一戰。捕食大量人類的女郎蜘蛛，對上曾在平安時代跟著名的妖怪狩獵者‧源賴光鏖戰一場的土蜘蛛，這場賽事肯定火熱到不行。

**1**

**決戰開始**

**蜘蛛VS蜘蛛，猛毒對決之戰！**

土蜘蛛毫不掩飾自己的行動，正面接近池子，出現在牠面前的，就是瀑布的主人‧女郎蜘蛛。女郎蜘蛛放出小蜘蛛，已經擺出迎戰姿態。場面處於一觸即發的狀態！

**2**

**女郎蜘蛛擅長的牽引作戰開始了**

女郎蜘蛛使出了自豪的戰術，讓無數的小蜘蛛爬上土蜘蛛的身軀。接著拉動小蜘蛛吐出的蜘蛛絲，慢慢地將對手往池水中拉。

## 決勝點 3

**在極近距離施展的欺敵幻術**

只不過，牽引作戰已經被土蜘蛛識破了，牠裝作被拉過去的樣子，藉此接近對方。接著，突然就從眼睛放出閃光！因為這個在極近距離使出的幻術，女郎蜘蛛因此昏厥。土蜘蛛一邊滴著口水、一邊朝著這場對決的輸家前進。

**關鍵的一擊!!**

**幻術閃光攻擊**

當幻術的閃光照射之後，對手就失去意識了。接下來，土蜘蛛就要開始悠閒地享用大餐。

白　**勝者**

# 土蜘蛛

驅使高超的妖力、以各式各樣的幻術與無數的武士對戰，吞下將近2000人的土蜘蛛獲得了最後的勝利。身經百戰的戰績，果真是最好的實力證明。

下場對戰　鎌鼬　對 鬼婆 ⇒

# 鐮鼬

## 在旋風中顯現的利刃

### 必殺技　如風一般的斬擊

用像是旋風般的速度，揮出前腳的利刃。因為速度極快、鋒利無比，有時候只會劃出不會出血的傷口；有時卻會造成極大的傷勢。

力
攻
速
恐
妖
防

外觀就像是前腳裝著刀刃的鼬鼠或老鼠，時常伴隨著像是龍捲氣旋那樣的高速風出現。因為速度相當快，很難看見鐮鼬的蹤跡。此外，因為通常牠們在瞬間就會完成攻擊，人們甚至還搞不清楚究竟發生什麼事了。

**妖怪資料**

| 體　長 | （推測）50 cm |
|---|---|
| 傳承地區 | 北海道、本州、四國地區 |
| 必殺技 | 如風一般的斬擊 |
| 出　處 | 『狂歌百物語』等 |

出沒地域

# 鬼婆

在暗夜中閃耀白光的刀刃

力
防
攻
妖
速
恐

**必殺技** 自豪的出刃

當獵物上門的夜晚，就會仔細地研磨起刃長達20cm的出刃菜刀。會用完全不像老婦人的驚人速度和體力朝人們襲來。

會讓在深山中迷路的旅客留宿的老婦人。但是，這位老婦人的真面目，其實是會在夜深人靜之時磨出刃菜刀的……鬼婆。如果旅客識破了她的底細，她就會散著一頭白髮、雙眼充血、手中揮舞著菜刀朝著人們殺過來。

| 體長 | （推測）230cm |
|---|---|
| 傳承地區 | 本州、四國、九州地區 |
| 必殺技 | 自豪的出刃 |
| 出處 | 『土佐妖怪草紙』等 |

出沒地域

妖怪資料

第五戰是妖怪界第一用刀者的決定戰。由乘著旋風出現、用前腳利刃割傷人類的隱密隨機斬人魔・鐮鼬VS斬殺旅人、將之解體的人肉主廚・鬼婆，比賽就要展開！究竟是誰的刀子比較鋒利呢？

決戰開始

**1** 拾起研磨至吹髮可斷狀態的菜刀………

在草木都沈睡的丑三時刻，決戰就此展開。從吹向藏身處的風感受到危險氣息的鬼婆，拿起了那把為之自豪的鋒利出刃菜刀，靜靜等候開戰的那一刻到來。

**2** 鐮鼬現身了。殺人鬼VS隨機斬人魔的對決！

突然，一道旋風襲向鬼婆。在那道龍捲氣旋中，出現了鐮鼬的身影。但鬼婆馬上以無法和老人聯想在一起的驚異速度朝鐮鼬揮出菜刀。

# 決勝點

**3**

### 出刃菜刀折斷了

咖鏘一聲！鬼婆的菜刀前端隨著這道沈悶的金屬撞擊聲飛出。鐮鼬以牠結合刀刃的衝擊打斷了鬼婆的菜刀。接著鐮鼬就像一道小型的龍捲風包圍著鬼婆，用前足刀刃斬擊對手。

## 關鍵的一擊!!

### 龍捲鐮斬法

用超高速的小型龍捲風包圍敵人，再用刀刃切割斬殺的必殺技。鬼婆就在這項戰技之下被斬到四分五裂。

**白** ── **勝者**

# 鐮鼬

能夠自在地操縱旋風的鐮鼬相當強悍。即便是鬼婆熟練的殺人技巧和自豪的出刃菜刀，碰上鐮鼬的前足利刃也無可奈何。

# 牛鬼

牛的凶暴 × 鬼怪的妖力

## 必殺技　水中拖曳

　水中戰是牠的拿手好戲。封鎖對方的動作，活用銳利的長爪子和力量超群的腳，能夠在進行拖拉動作時使出怪力，絲毫不給對方逃脫的機會。

力
攻
防
速
妖
恐

　頭部是牛，身軀卻是妖怪。也有頭部是長著牛角的鬼首，身體則是大蜘蛛等不同的樣貌。不論哪一種，外貌都相當剽悍，不難理解為何世人相傳光是看到牠就會生病。此外，牠的天性也很狂暴殘忍。平時潛伏在水域，伺機將路過的人拖入水中。

## 妖怪資料

| | | |
|---|---|---|
| 體長 | （推測）5m | |
| 傳承地區 | 本州、四國、九州地區 | |
| 必殺技 | 水中拖曳 | |
| 出處 | 『枕草子』、『化物盡繪卷』等 | |

出沒地域

# 猪笹王

## 橫衝直撞的蠻勇獨腳怪

**必殺技** 獨腳突進

　　用讓人難以想像是靠一隻腳跑出的疾速將自己巨大的身體全力撞上來。破壞力強到能讓大部分的對手直接昏厥。好戰的性格也大大提升了這一招的威力。

力
防
妖
攻
速
恐

　　相傳牠棲息在奈良縣的吉野山中，是背上長有山白竹的巨大野豬型妖怪。但是，支撐這副巨大身軀的只有一隻腳。據說過去因為被獵人奪走一隻腳，因此懷恨在心而變成了妖怪，見到人類就會展開攻擊。

| 體長 | （推測）3m |
|---|---|
| 傳承地區 | 奈良縣 |
| 必殺技 | 獨腳突進 |
| 出處 | 『奈良縣史』等 |

出沒地域

妖怪資料

第六戰是一場妖怪界的超重量級對決，巧合的是，這也是一場牛對上野豬的動物型妖怪對決。主打橫衝直撞肉搏戰的豬笹王，對上擅長水中作戰的牛鬼，這會是場什麼樣的決鬥呢？以巨大的身體讓人心驚膽顫的兩者，就要激起超重量級的火花。

## 決戰開始

**1** 即使只是對峙時的目光交鋒，就讓決戰場地為之震動！

遠征到山中湖泊的豬笹王，前來挑戰妖怪界的超重量級王座。好整以暇備戰的牛鬼目光銳利地瞥了一眼對手。眼神氣勢的對戰已經開始了！

**2** 牛鬼能夠阻擋豬笹王的奔馳路徑嗎？

率先展開行動的是豬笹王。雖然只有一隻腳，但速度宛如疾風，用壯碩的身體對牛鬼進行破壞力十足的衝撞。即便威猛如牛鬼，碰到這種攻擊也得往後退。

# ③ 決勝點

## 後退竟然是為了打水中戰而設下的陷阱！

只不過牛鬼的這一步是有作戰考量的。一邊後退、一邊巧妙地把對手誘導到湖畔，瞬間用像是蜘蛛般的前腳抓住豬笹王！豬笹王就這樣被拖入水中，失去了意識。

## 關鍵的一擊！！

### 擒抱窒息式固定

將活動於陸地上的妖怪拖進水中的策略，是體型龐大的牛鬼採用的戰法。被緊緊扣住、身體動彈不得的對手，最後只能靜靜地停止呼吸。

## 白 勝者

# 牛鬼

把豬笹王引誘到水岸邊，是從平時和同伴磯女合作捕食人類的過程發展出的謀略。只要到了水邊，就沒有能匹敵牛鬼的妖怪。

下場對戰 雪女 對 河童 ⇒

# 雪女

擅長冰之技巧的美女

**必殺技　瞬間冰結**

擁有微微一笑，不論是山還是海都會被瞬間凍結的冰凍妖力。即使是抗寒性高的妖怪、活躍於水中的妖怪，也無法抗衡雪女冰點以下的酷寒體質。

力
攻
速
妖
恐
防

會在大雪紛飛的日子裡穿著白色衣物，肌膚白皙，披散著一頭漆黑長髮接近人類的美女妖怪。會吐出讓生物瞬間結凍的冰冷氣息，讓人類墜落谷底奪其性命。

妖怪資料

| 體長 | （推測）170cm |
|---|---|
| 傳承地區 | 本州、四國、九州地區 |
| 必殺技 | 瞬間冰結 |
| 出處 | 『化物盡繪卷』、『怪談』等 |

出沒地域

# 河童

只要打水中戰就是無敵的

**必殺技** 強大的腕力

會在人類毫無察覺的情況下接近，瞬間用強大腕力把人拖進水中的妖怪。而且相傳還會在人類陷入溺水的慌亂時從屁股拔走尻子玉。

力
防　攻
妖　速
恐

會從水中拉扯人的腳，從屁股拔走尻子玉（一種傳說中的虛構臟器）再殺害的水棲妖怪。全身綠色，背部有甲殼，手腳都長有蹼，嘴部有短喙。據說頭部盛水的盤狀區如果被破壞導致缺水，就會流失妖力。

| | |
|---|---|
| 體長 | （推測）80cm |
| 傳承地區 | 日本全國 |
| 必殺技 | 強大的腕力 |
| 出處 | 『水虎十二品之圖』、『北齋漫畫』等 |

出沒地域

妖怪資料

妖怪知名度No.1爭霸戰的第七戰是河童和雪女這對超人氣明星的對決。能在水中自在地游動、伺機將敵人拖進水中的河童,對決靠著冰冷凍氣凍僵對手的雪女,這是場性質截然不同的水與冰對戰。這場賽事的結果會是如何呢?

## 決戰開始

### 1 伸出手臂的河童,要靠怪力將雪女……

河童已經鎖定在池水邊現身的雪女。接著伸出長長的手臂,拉住雪女的手。接下來就靠力氣把她拉進水裡吧。

### 2 雪女的瞬間冷凍能力,連河童也大吃一驚

只不過,面對河童蠻橫的戰法,雪女的神色絲毫未變,直接凍結了河童的手臂,並且將之折斷!驚嚇的河童趕緊朝著池子裡撤退。

# 最強妖怪王者爭霸淘汰賽對戰

## 決勝點

### ③ 被封鎖行動的冰結河童

雪女沒有給河童任何逃跑的機會，在牠潛入水中之前就將整座池子都冰凍起來！身體無法動彈的河童，就只能維持那樣狼狽的姿態，化成一座冰像。對著彷彿進入冬眠狀態的河童，雪女向這位對手送出一個冷冷的輕鬆微笑。

## 關鍵的一擊！！
### 瞬間凍結攻擊

面對能夠讓山中吹起暴風雪、還能瞬間把河川或池子冰凍的雪女，不管是多麼擅長相撲的河童，也沒有打贏的可能性。

## 白 （勝者）

# 雪女

接近的目標是能夠冰封一切的雪女，卻還是採取靠蠻力把對方拉入水中的策略，就是河童的敗因。但這或許是雪女設下的陷阱也說不定。

下場對戰　狒狒 對 山爺 ⟹

# 狒狒

## 驚天豪腕的妖怪猿猴

### 必殺技　異常的腕力

　　不論是人類還是動物都能在瞬間將之撕裂。妖怪狒狒擁有動物界的狒狒不能比擬的超強腕力。用這股驚天力氣捕獲獵物後，會露出讓人發寒的笑容，接著啃食獵物。

力
攻
速
恐
妖
防

　　擁有強健手臂的巨大猿猴型妖怪。居住在山中，會擄走人類女性來當作食物。臉部長得很像人類，據說看到人類時還會露出笑容。只不過，當狒狒對你展現笑容時，就代表你已經成為鎖定目標了，必須當心！雖然身軀龐大，但速度卻很快。

妖怪資料

| | |
|---|---|
| 體長 | （推測）3m |
| 傳承地區 | 本州、四國、九州地區 |
| 必殺技 | 異常的腕力 |
| 出處 | 『和漢三才圖會』等 |

出沒地域

# 山爺

能夠咬碎一切的妖怪

## 必殺技　強大的咬合力

擁有引以為傲的健壯下顎。即便是猴子之類的也能像啃蘿蔔一樣大口咬碎吞下。危險度即便是狼也要退避三舍。如果聽到山爺連石頭都能震開的大嗓門，鼓膜可能都會被震破。

力
攻
速
恐
妖
防

如果你在山林中聽到驚天動地的聲音，可能就是山爺出現了。外觀看起來就像只有一隻腳、全身長著鼠灰色短毛的獨眼老人。會用強健的下顎從生物的頭開始啃咬，連骨頭都能輕鬆地嚼碎。

| 妖怪資料 | |
|---|---|
| 體 長 | （推測）150cm |
| 傳承地區 | 四國地區 |
| 必殺技 | 強大的咬合力 |
| 出 處 | 『土佐妖怪草紙』等 |

出沒地域

可說是山岳妖怪決勝的第八戰，是由狒狒出戰山爺的猿人類對戰。一邊是力量型的巨型獸人狒狒、另一邊是能把山中野獸當蘿蔔啃的大胃王山爺。這場競爭的落敗者將會成為大餐，絕對是賭上性命的一場對決。

## 決戰開始

### 1
**山爺的大嗓門威嚇，連狒狒也吃了一驚**

戰局就從山爺發出一聲彷彿能震開岩石的威嚇聲開始了！經歷許多肉搏戰的狒狒，碰到這樣的巨響，也不禁為之膽怯。

### 2
**直接就要生吃嗎！？狒狒該怎麼辦呢？**

見到狒狒膽怯的山爺沒有錯失良機，就這樣一口咬下去了！連野豬和猴子都能輕鬆咬斷的強健下顎，會直接把狒狒從頭到腳都啃光嗎？

## ③ 決勝點

**反壓制住對手，
接下來換我享用了！**

狒狒當然不會坐以待斃。牠使出渾身力氣用剩下的那條手臂扣住山爺，不讓山爺逃脫。接著面露笑容，準備從頭部開始大快朵頤！那種旺盛的食慾，即使是山爺都無法望其項背啊！

**關鍵的一擊！！**

**大口咬殺法**

狒狒發現獵物後就會立刻進行捕捉，接著一邊笑一邊大快朵頤。這就是妖怪狒狒風格的用餐禮儀。

**白** | **勝者**

# 狒狒

狒狒強大無比的腕力，在力量型的妖怪之中，應該也能位列前十名吧！山爺落敗的原因，就是太小看狒狒的力量和食慾了。妖怪狒狒可是不會挑食的喔！

淘汰賽在首輪賽事之中已經進行 8 場對戰了。現在讓我們來回顧這一輪你來我往的精彩對抗吧！

## 用擅長技巧互別苗頭的首輪賽事！特性讓勝敗只有一線之隔

在首輪賽事中，彼此特性相近的對戰幾乎佔了一半以上，而且大致上都是相當簡潔的賽況。例如像是牛鬼選擇把對手拖進水裡、狒狒仰賴自己強大的腕力等等，不倚靠幻術和戰略的純力量對抗，其決勝過程都帶給人淺顯易懂的印象。

或者是像鎌鼬與鬼婆的刀刃對決、雪女和河童的冰與水對決等等，發揮自己擅長領域的能力，最後由能力更加優異者獲得勝利，這也可說是首輪賽事的一個特徵。

反過來說，如果不讓這些特質相近的妖怪互鬥，在首輪賽事敗退的妖怪或許就有贏的機會也說不定。我們也期待這些因為個性特質處於劣勢而落敗的妖怪們，在今後有更突出的表現！

PICK UP!

在擅長技巧的對決中，最後雙雙倒下的轆轤首和磯女。隨著戰況推進，也是會出現像這樣的憾事呢。

# WINNER

## 鎌鼬

鬼婆自豪的出刃菜刀也難敵鎌鼬的利刃，這可以說是人類用具的延伸吧。

## 牛鬼

牛鬼和豬笹王的對決最後在水中分出勝負。考量到水中戰的應對能力，對牛鬼比較有利。

## 雪女

雪女和河童的戰鬥，是因為冰和水的性質差異決定了勝敗。就算是河童，自己的水中主場被冰凍的話也無計可施。

## 讓電擊爪失效的
## 大蜈蚣外骨骼

雷獸的爪子不僅銳利、還纏繞著電力，能夠使出威力十足的一擊。此外還擁有雷電般的速度，一般都認為只要靠這個速度讓大蜈蚣接下一招電擊爪，之後就任其宰割了。

但是，實際上卻因為大蜈蚣的外骨骼太過堅硬，使得電擊爪無法發揮效用。不管是擁有多麼強大的攻擊招數，只要不適用於對手，一切就沒有意義了。

雷獸雖然有速度，防禦力卻非常的低。因此只要被大蜈蚣的毒牙咬到，立刻就勝敗已定了。

大蜈蚣用數量龐大的腳抓住速度飛快的雷獸，最後補上一記毒牙攻擊。

用單體較弱的老鼠組成軍團。這次對抗卻反倒因為「弱點」而帶來勝利。

## 靠動物習性分出勝負
## 的貓鼠大對抗

貓又和鐵鼠的比試結果，可說是在眾人的意料之外。因為說到貓，就會帶給人抓老鼠的強烈印象，在這場淘汰賽中，貓又被認為應該會取得壓倒性的勝利才對。

但是，比賽結果就大大跌破眾人的眼鏡，最後是由鐵鼠贏了決鬥。

讓我們試著去解析勝利的關鍵，就會發現似乎是和貓與老鼠的生物習性有關。也就是說，貓通常是單獨生活、而老鼠大多是群聚度日，擁有很多的同伴。更進一步來說，鐵鼠可是率領8萬4千隻老鼠的總大將呢！不管是妖力多強的貓又，光靠自己面臨龐大老鼠軍團的攻擊，想必也無可奈何吧？

# 妖怪們的華麗武器

妖怪擁有人類完全無法比美的武器。那就是像銳利的爪子、怪力等優異的身體能力；迷惑對手的妖術、幻術；以及驅使火焰或水等大自然力量等各式各樣不可思議的能力。

---

**身體能力** 例如雷獸的爪子、貓又的牙齒等等。妖怪銳利的尖爪或利牙都是能夠憑藉一擊就造成致命傷害的最強武器。

### 毫無疑問的瞬間致命！

## 大蜈蚣的牙 ✕ 猛毒

銳利或是堅硬的牙齒是大型動物所不可或缺的。這是為了要確保捕獲的獵物，將成果留下。但是，妖怪的牙齒還具有更勝一籌的功能。只要被擁有強壯外骨骼的大蜈蚣咬住，毒液立刻就會流竄全身。

### 旋風 ✕ 利刃
## 鐮鼬的疾速

鐮鼬的速度非比尋常。因為是用高速揮出利刃，不僅看不到牠的樣子，有時就連被割傷的人都沒有察覺。這次連鬼婆灌注妖力、仔細打磨的出刃菜刀，都輕易斷在鐮鼬的利刃下。

## 幻術・妖術

變化成不同的東西、讓對方產生幻覺、瞬間遮蔽敵人視野等等，各種讓對手大吃一驚的術法也是妖怪的拿手絕活。

**圓滾滾眼睛中蘊藏的妖力**

# 土蜘蛛的眼睛幻術

有著老虎般身軀和鬼面的巨大蜘蛛・土蜘蛛，武器是黃色的圓眼睛。會放出刺眼的光芒，造成對手昏厥。

**伸縮自在的頸子**

# 轆轤首的頸子伸縮術

在首輪賽事中，轆轤首靠著突如其來的長頸伸縮獲取戰果。如果對手是人類的話，光是使出這一招就足以讓人喪失戰意了吧。

## 自然力量

妖怪無盡的力量，可以藉由水、風、天氣、山、海等大自然的力量直接展現。

**雷鳴轟掣**

# 雷獸的電擊

相傳雷獸會乘著黑雲出現，並隨著雷電返回天上。被渾身纏繞雷電能量的身軀攻擊，即便是龐然巨木也會應聲而斷。

**冰雪的美麗與恐懼**

# 冰雪的威脅・雪女

雪女又被稱為是雪的精靈。她用冰冷吐息凍結目標再取其性命的作法，似乎是人類對冰雪天候的恐懼具象化之後的表現。

# 最強妖怪王者
## 爭霸淘汰賽對戰
### 二輪賽事

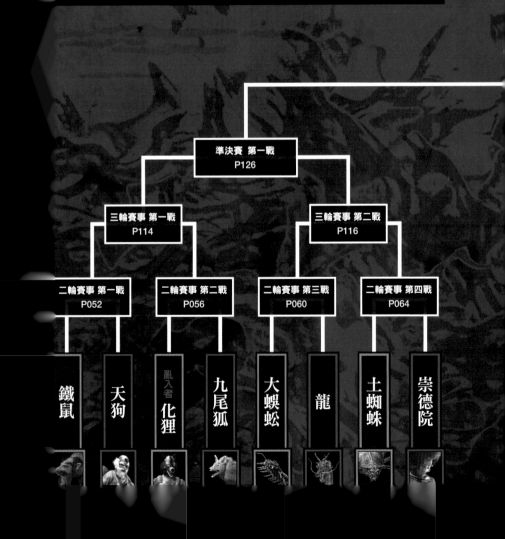

準決賽 第一戰
P126

三輪賽事 第一戰
P114

三輪賽事 第二戰
P116

二輪賽事 第一戰
P052

二輪賽事 第二戰
P056

二輪賽事 第三戰
P060

二輪賽事 第四戰
P064

鐵鼠

天狗

亂入者
化狸

九尾狐

大蜈蚣

龍

土蜘蛛

崇德院

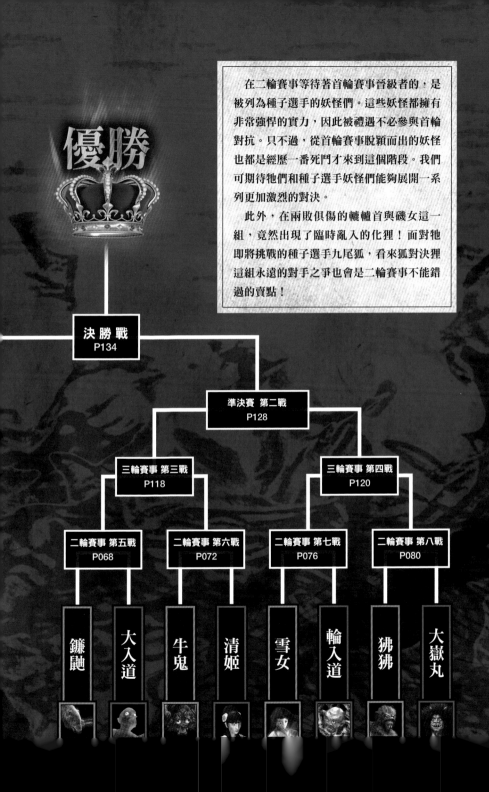

優勝

在二輪賽事等待著首輪賽事晉級者的，是被列為種子選手的妖怪們。這些妖怪都擁有非常強悍的實力，因此被禮遇不必參與首輪對抗。只不過，從首輪賽事脫穎而出的妖怪也都是經歷一番死鬥才來到這個階段。我們可期待牠們和種子選手妖怪們能夠展開一系列更加激烈的對決。

此外，在兩敗俱傷的轆轤首與磯女這一組，竟然出現了臨時亂入的化狸！面對牠即將挑戰的種子選手九尾狐，看來狐對決狸這組永遠的對手之爭也會是二輪賽事不能錯過的賣點！

決勝戰
P134

準決賽 第二戰
P128

三輪賽事 第三戰
P118

三輪賽事 第四戰
P120

二輪賽事 第五戰
P068

二輪賽事 第六戰
P072

二輪賽事 第七戰
P076

二輪賽事 第八戰
P080

鎌鼬　大入道　牛鬼　清姫　雪女　輪入道　狒狒　大嶽丸

# 天狗

徹底活用百變術法的山神

白 **對戰選手**

鐵鼠

力
攻
速
恐
妖
防

## 妖怪資料

在日本各地都留下傳說的著名妖怪。衣著為山伏打扮，腳踩單齒木屐。外貌和人類很相似，但是有著長長的鼻子和紅紅的臉。可以靠著背上的翅膀自由自在地飛行。能使出神通力、操縱天氣等各式各樣的術法。擁有相當高的智慧，一般的妖怪應該都不是他的對手。

| | |
|---|---|
| 體 長 | （推測）250cm |
| 傳承地區 | 日本全國 |
| 必殺技 | 神通力、武藝 |
| 出 處 | 『平家物語』、『吾妻鏡』等 |

**出沒地域**

## 必殺技

# 呼風喚雨的神通力和
# 百般武藝皆通的格鬥術

擁有靠手拿的羽毛團扇掀起強風、喚來風暴或大雨的操縱天氣能力。而且在他的神通力之中，還有能降下如大雨般的石頭攻擊、瞬間移動、以及操縱人心的超能力。此外，不僅精通妖術，刀槍等武器技藝也很優秀，肉搏戰能力很強。相傳居住在京都鞍馬山的鞍馬天狗，就曾經傳授劍法給源義經，在日本是很有名的故事。

首輪賽事中輕易擊敗貓又的鐵鼠，在二輪賽事對上了天狗。前僧侶鐵鼠與參透修驗道的天狗，將在微暗的森林中開戰了。在這個空間裡，雙方會運用什麼樣的妖力相互較勁呢？只不過這次鐵鼠遭遇的敵人，可是位居種子選手之列的強者……。

## 決戰開始

**1**

### 藉由鼠群大軍展開制敵動作

鐵鼠也知道眼前的天狗是不可小覷的角色。因此打算制敵機先，突然派出8萬4千隻老鼠進行突擊。不過天狗看似連準備動作都沒打算擺出的樣子。

## 2

**瞬間召喚大水的強者神通力**

當大批的鼠軍團襲來的那個瞬間，天狗把手中羽毛團扇一揮，天空中突然就降下瀑布一般的大水，鼠群們就這樣被沖散了。這就是天狗身為種子選手妖怪的實力！

## 3

# 決勝點

**沉入突然出現的湖泊底部……**

在森林中突然出現了一座湖泊。對於這突來的自然現象，鐵鼠反應不及，就這樣咕嘟咕嘟地沉入水中。飛在半空中的天狗，一邊發出豪邁的笑聲，一邊欣賞著自己的戰果。

# 關鍵的一擊！！

**妖力突襲暴雨**

天狗降下的豪雨，其雨勢宛如湖泊整個從天而降一般，讓鐵鼠連逃跑的時間都沒有。

## 白 — 勝者

# 天狗

森林之中降下大雨，形成了一個很深的湖泊。就像這樣，天狗能夠自由操控天氣的變化。相傳天狗不只是妖怪，而是擁有驚奇的神通力、宛如山神般的存在。

下場對戰　化狸（亂入者）對 九尾狐 ⇒

# 化狸

## 自豪的八疊敷陰囊

### 必殺技　秘技：八疊敷變化

化狸能夠藉由攤開伸展性極強的陰囊，來變身成各種東西，即便是比自己還龐大的東西也可以。人類和普通的妖怪根本不可能識破牠的變身術。

力
攻
速
恐
妖
防

　　說到能變身的動物，就是可以和狐狸比肩，在日本全國都留下傳說的狸了。牠在『文福茶釜』、『證誠寺的狸』等童話故事或童謠中都有登場，是大家都很熟悉的妖怪。世間有「狐七變、狸八化」的說法，似乎是認為狸的變身能力更為高明。

## 妖怪資料

| 體長 | （推測）170 cm |
|---|---|
| 傳承地區 | 本州、四國、九州地區 |
| 必殺技 | 秘技·八疊敷變化 |
| 出處 | 『日本書紀』、『宇治拾遺物語』等 |

出沒地域

# 九尾狐

智慧與妖力兼備的妖怪

## 必殺技　死後也不會消失的妖力

在幻覺與變身等妖術都是高手級的，妖力強度更是突出。據說九尾狐死後變成名爲殺生石的石頭，其怨念化成毒氣，持續毒害人類。相傳是殺生石的那塊石頭，現在還留在栃木縣。

雷達圖：力、攻、速、恐、妖、防

隨著年歲增長，妖力也更加強大的狐狸妖怪。據說牠曾在中國及日本化身成絕世美女，誘惑當時的掌權者們，是能夠動搖國政的策士，擅長權謀計策。因長生而練成的強大妖力結合高度的智慧讓牠更加恐怖駭人，在這次的妖怪大戰中也是屈指可數的強者。

| 體長 | （推測）5m [人類狀態時為160cm] |
|---|---|
| 傳承地區 | 京都府、栃木縣 |
| 必殺技 | 死後也不會消失的妖力 |
| 出處 | 『山海經』、『神明鏡』等 |

出沒地域

妖怪資料

因為轆轤首和磯女在首輪賽事中戰到兩敗俱傷，隸屬這個組別的種子選手妖怪，九尾狐現在就沒有對手了。正當大家以為會因此獲得不戰而勝裁定時，從古時候就被認為是狐狸的對手、打算坐收漁翁之利的化狸竟然亂入了比賽，對九尾狐宣戰了！

## 1 決戰開始

### 一個年輕女子，竟然意外踏入陰囊變成的宅邸！

化身成女性的九尾狐，因為四處找尋自己的對手而感到疲累，進入一間遠離人煙的宅邸打算稍作歇息。沒想到，這間宅邸是化狸使出八疊敷之術，用自己的陰囊變成的陷阱！

## 2

### 沒有狐狸會被這種低級的陷阱抓住的！

化狸為了抓住九尾狐，準備收縮自己的陰囊把對手困住。但九尾狐不愧是踏遍世界多國，身經百戰的魔物，馬上看穿了化狸的戰術。

## ③ 決勝點

**一劍斬斷要害！**
**化狸就此敗退**

女性嘴角浮現一抹微笑，瞬間變身成武士，抽出腰際的長刀斬開化狸的陰囊。這實在是痛到不行啊！要比邪魅的話，果真還是九尾狐更勝一籌呢！

## 關鍵的一擊!!

### 狐流劍法

千變萬化的九尾狐，對劍法也是相當有一手的。化狸的陰囊就這樣被直接斬得七零八落。

**勝者** **紅**

# 九尾狐

雙方都是擅長誘騙人類的妖怪，只不過化狸採用無人之家作為陷阱的過氣招數也太輕敵了。變身成武士的九尾狐，相當輕鬆地取得了勝利。

下場對戰　大蜈蚣 對 龍 ⟹

# 龍

召喚風暴與雷電的水之化身

白

**對戰選手**

## 大蜈蚣

### 妖怪資料

在中國是被人們信奉的水之靈獸，在日本也大多被視為是海或河川的守護神。因此與其說是妖怪，其實更接近神明。龍的外觀就像是由鹿角、駝頭、牛耳、鷹爪、鬼眼、蛇頸、鯉魚鱗等各式各樣動物的一部分所組合而成。至於能無視妖力攻擊的大蜈蚣之所以會成為龍的天敵，其實是有一段故事的。

| | |
|---|---|
| 體長 | （推測）50m |
| 傳承地區 | 日本全國 |
| 必殺技 | 操控大量的水 |
| 出處 | 『和漢三才圖會』、『宇治拾遺物語』等 |

**出沒地域**

## 必殺技

# 以大雨或河川等大量的水來進行攻擊

除了召雷喚雨等操縱天氣的能力之外，還能策動海浪翻騰、河水氾濫引發土石流等自然現象，總之特別擅長操控水的技能。還能夠化成龍捲風在空中自由地飛翔。此外，因為本身還擁有神通力，可以運用這股力量改變體型的大小，變身成別種生物，還能瞬間移動到空中或地下。

二輪賽事的第三戰，是由大蜈蚣和龍這對宿敵的對決。相傳在平安時代，為大蜈蚣所苦的龍神一族，因而委託以妖怪狩獵者身分聞名的武士・俵藤太出面協助。但今天的比賽就沒有幫手了。究竟這次龍是不是能以自己的力量擊退大蜈蚣呢？

## 決戰開始

**1**

### 巨獸的對決，宿命決戰的戰鼓已經響起！

為了對付擁有堅硬外骨骼和無數銳爪，還能盤據山峰七圈半的大蜈蚣，龍也將自己的身軀巨大化。接著動用操縱自然的能力，掀起了大風暴。

**2**

### 激烈的風暴大戰，對龍比較有利！？

在猛烈的暴風雨中，龍降下了雷電，並且翻騰大水來作戰。面對到處飛竄的龍，大蜈蚣陷入了苦戰。戰鬥的初期，顯然是龍佔了上風。

# 3 大蜈蚣的利牙終於命中了龍！ 決勝點

只不過，僅在瞬間稍微大意的龍，就被反撲的大蜈蚣一口咬住頸子！大蜈蚣緊緊咬住奮力抵抗的龍不放，就在啃咬咽喉的同時，毒液也隨之流入龍的體內。

## 關鍵的一擊!!

### 飛撲毒牙猛擊

大蜈蚣也能驅動妖力讓自己躍上天空。就是因為這個瞬間的大意，讓龍成為毒牙下的祭品。

## 白　勝者

# 大蜈蚣

　大蜈蚣又再次戰勝了龍。但是，從平安時代開始持續千年以上、與龍神一族的戰鬥，並沒有在這裡畫下休止符。龍族的同胞們，今後也一定會繼續鎖定大蜈蚣的動向吧！

下場對戰　土蜘蛛　對　崇德院 →

# 崇德院

變成魔王的前天皇

白　對戰選手

## 土蜘蛛

### 妖怪資料

平安時代的崇德天皇化身成的惡靈。因為政爭而遭流放讚岐的崇德院，抄寫祈福經書送至都城以示反省。但是卻被認為經文帶有詛咒，遭到退回，崇德院因而懷恨自盡。因為他對朝廷的恨意實在太強烈，甚至讓世間因此動盪不安，據說還引發了大火災。另外也有他憂憤而死後化身成天狗的說法。

| | |
|---|---|
| 體　長 | （推測）170cm |
| 傳承地區 | 京都府、香川縣 |
| 必殺技 | 以怨念增幅的詛咒之力 |
| 出　處 | 『百鍊抄』、『雨月物語』等 |

出沒地域

## 必殺技

# 為了復仇雪恨，以怨念增幅的詛咒之力

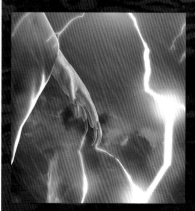

被流放的崇德院因為抄寫的經文被懷疑帶有詛咒而遭退回，懷恨咬舌立下詛咒「我要成為日本國的大魔王，這經文將會回向魔道」。相傳崇德院的詛咒引發了駭人的大火災等災難，天皇的親近者也相繼被咒殺。在浮世繪作品中描繪的崇德院，經常伴隨著風暴與雷電出現，顯然是認為他驅使的魔道之力能夠呼風喚雨。

在風暴之中展開的是由土蜘蛛VS崇德院的妖術對決。作為種子選手
登場的崇德院，與其說是妖怪，不如說他是足以代表日本的強大怨
靈。從首輪賽事中勝出的土蜘蛛，雖然也是擁有不錯妖力的妖怪，但
面對怨靈這樣的對手，牠的實力能有所發揮嗎？戰爭就要一觸即發！

## 1

### 決戰開始

面對虎視眈眈的土蜘蛛，
這位大怨靈竟擺出無視的態度！

雖然土蜘蛛積極地拉近與對手的距離，但身為
大怨靈的崇德院卻一動也不動，就只是在原地
看著。在這位讓當時掌權者驚恐的對手面前，
土蜘蛛顯得顏面無光。

## 2

率先出招的是土蜘蛛的幻術攻擊
只不過，崇德院祂……

和首輪賽事時相同，土蜘蛛打算使
出定身幻術來封鎖崇德院。土蜘蛛
的眼睛開始放出異樣的光芒！但崇
德院毫不在意，相當冷靜地竄上空
中。

# 3 決勝點

## 彼此的實力太過懸殊了！

飛在空中的崇德院，放出了來勢兇猛的雷電與火焰！攻勢宛如火山爆發一般。土蜘蛛實在太不走運了，彼此在妖術的層次上完全不是同一個檔次的，這下反倒被對方的怨念所反噬。

## 關鍵的一擊!!

### 憤怒的空中落雷

從上空接連降下的雷電與火焰，結合成強烈的能源波，輕易地就打倒了土蜘蛛。

### 勝者 紅

# 崇德院

名列日本三大怨靈之一的崇德院，其妖力等級可說是極為優秀的。畢竟在四國地區還是被當成神明來祭祀，不是高等級的妖怪根本不可能打贏。

下場對戰　鑪鼬　對　大入道　⟶

# 大入道

連高山都能俯視的大巨人

## 對戰選手

白 鎌鼬

## 妖怪資料

　　外觀為巨大的和尚，或是影子狀態的巨人。體型從比人類高大一點，一直到像山一樣、甚至還更高等等，有相當多樣的類型。據說被大入道注視的人會馬上昏倒，還可能因此生病。但是也有以集團方式出現，甚至還會幫助人類的例子。

| | |
|---|---|
| **體　長** | （推測）2m～數千m |
| **傳承地區** | 日本全國 |
| **必殺技** | 活用巨大身體的掌擊 |
| **出　處** | 『月堂見聞集』、『西播怪談實記』等 |

**出沒地域**

## 必殺技

# 全部的攻擊都是必殺技，
# 活用巨大身體的掌擊

　　如果是這種巨大尺寸的手掌，即便只是單純的揮擊，也能夠成為驚人的必殺技。光是一個掌擊，就能掀起強大的風，一但被打到肯定會造成致命性的傷害。此外，因為體型龐大，普通的攻擊是無法動大入道一根寒毛的。這副巨型軀體，在攻擊和防禦等層面都發揮了效用。

沒想到二輪賽事竟然能看到這種對戰!?高達10m以上的大入道,就要對上體長50cm左右的鎌鼬啦!雖說也有以柔克剛這種情況,但是這個體型差異實在太過懸殊了。看來處境不妙的鎌鼬,接下來就要一口氣靠速度來一決勝負了!

# 決戰開始

## 1
### 賭上鎌鼬榮耀的速度決勝亂鬥法!

鎌鼬發揮了速度上的優勢,在大入道的腳邊捲起一陣旋風,開始斬切大入道的腿部。以這樣的速度,大入道根本無法抓住鎌鼬。

## 2
### 即使斬裂了腿部,但只不過是小小的擦傷!?

在不知不覺中,大入道的腿已經到處是傷。但這些傷害對大入道而言,只不過是輕微的擦傷罷了。大入道悶哼一聲噴出鼻息,舉起了一隻手臂……

# 決勝點 3

**只要揮動的手命中了,
就是強大的打擊**

大入道揮動手臂,對敵人使出讓人痛恨的一擊。因為四處飛竄而感到疲憊的鐮鼬,也沒有多餘的心力可以進行防禦,就這樣被一巴掌打向天際的另一頭。其實對大入道來說,這次的攻擊只是單純揮揮手而已。

## 關鍵的一擊!!

### 大爆炸水平斬

大入道的一舉手、一投足,都會變成恐怖的攻擊。這次光是揮了揮手,就將對手打飛了。

勝者　

# 大入道

這場力量差距過大的戰鬥,最後由大入道的壓倒性勝利畫下句點。話說回來,對於體型像是山峰那麼大的大入道來說,這種攻擊招式已經是很留情面了。

下場對戰　牛鬼 對 清姬 ⟹

# 清姬

怨恨越來越強烈的蛇女

白 | 對戰選手

牛鬼

平安時代的少女清姬，深深愛上一名俊美的僧侶安珍，但卻被欺騙，最後化成蛇妖。變成妖怪的清姬追趕著安珍，最後用身軀捲起安珍躲藏的寺院大鐘，以憤怒的火焰將之燒盡。她以蛇身之姿度過河川，執著地追趕心上人的執念可以說是妖怪界的第一名。

| | |
|---|---|
| 體 長 | （推測）150cm（蛇型態：數m） |
| 傳承地區 | 和歌山縣 |
| 必殺技 | 伴隨火焰的束縛技 |
| 出 處 | 『大日本國法華驗記』、『今昔物語集』等 |

**出沒地域**

## 必殺技

# 連大鐘都能融化高溫，
# 伴隨火焰的束縛技

相傳清姬一邊吐著紅炎一邊追逐，最後用蛇身捲住安珍躲藏的大鐘，用火焰將之全部燒盡。說到寺院的大鐘，多半都是青銅所製作，青銅的熔點大概是在800～1000度左右。人類根本無法承受這樣的高溫火焰。同時還要加上蛇身束縛的壓迫，一旦被清姬攻擊，就必須受到雙重的痛苦。

擁有驚人巨大身軀的牛鬼，對上年輕的妖怪少女清姬。讓這樣不公平的對決實現，就是最強妖怪王者爭霸的冷酷無情之處啊！只不過，請各位先不要著急！請試想，如果只是一個弱女子，有可能成為種子選手妖怪嗎？在這場賽事中，究竟會潛藏著什麼樣的大逆轉呢？

**決戰開始**

**1** 牛鬼所鎖定的，其實是
在世間被大家所恐懼的……

因為想在二輪賽事展開前先吃點開胃菜，牛鬼從海中躍出，鎖定了獨自在海邊漫步的少女。但是，這名可愛的少女，竟然是在世間讓人聞風喪膽的清姬！

**2** 帶著詭異的笑容，
少女變身成大蛇了！

抓住清姬的牛鬼，想如法炮製，直接將她拖入海中大快朵頤。但就在這個時候，清姬臉上露出一抹詭異的微笑，接著就變身成大

沒有一個男人可以被這招困住後還能逃脫！

變身成大蛇的清姬，在剎那之間就將牛鬼層層捲住。因身體動彈不得而焦慮的牛鬼，就這樣被清姬的火焰燒遍全身。只因為對手是女性就輕忽的話，可是會自討苦吃的喔！

## 決勝點 3

## 關鍵的一擊!!
### Burning Cobra Twist

這是清姬將敵人層層包圍捲繞，再燒盡對方的大絕招。目前還沒有從這個招式下逃脫過的紀錄。

**勝者** **紅**

# 清姬

變身為大蛇，吐出紅炎的清姬，不愧是列名種子選手的實力派妖怪。一旦被困住，接下來只能等著被烤成焦炭了。清姬憤怒的火焰可是會將所有的男人都燃燒殆盡的喔。

下場對戰 雪女 對 輪入道 ⟶

炎之賽車手

# 輪入道

白 對戰選手

雪女

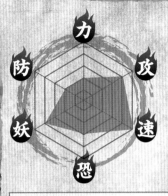

### 妖怪資料

這個妖怪的外型是被劇烈燃燒的火焰包覆住的牛車車輪。車輪中央掛著一個男人的臉孔。他會在京都境內來回奔馳，據說看到輪入道的人，魂魄都會被勾走。不過，相傳只要在玄關處貼上寫有「此處勝母之里」的紙，輪入道就不會靠近。

| | |
|---|---|
| 體長 | （推測）2〜3m |
| 傳承地區 | 京都府、滋賀縣 |
| 必殺技 | 燃燒劇烈的炎之突進 |
| 出處 | 『今昔畫圖續百鬼』 |

出沒地域

## 必殺技

# 來回奔馳、
# 燃燒劇烈的炎之突進

一張威嚴十足的臉，全身被火焰包圍，持續著詭異的旋轉，被輪入道的身體輾過的對手肯定都會受到致命的傷害。此外，據說還留有輪入道會對看見他的人說出「與其看我，不如回頭看看你的孩子吧」這個傳聞，因此被認為擁有相當程度的智慧。或許輪入道也會將這份智慧運用在戰鬥中也說不定。

以超人氣妖怪女子的核心人物為目標的雪女，在二輪賽事碰到的對手，就是輪入道這個妖怪界的炎之賽車手。究竟輪入道會不會也變成冰冷凍氣下的犧牲品呢？在「沒裝雪胎的輪入道在此戰中肯定不利」的普世觀點之下，宣告對戰開始的起跑燈正式亮起！

# 決戰開始

## 1 速度之王就這樣被雪女擺弄，無法回擊

比賽一開始，輪入道就在雪女的周圍來回跑動。雪女鎖定輪入道，並從手中放出凍氣，因此輪入道無法靠著速度對雪女進行直接攻擊。

## 2 「妖怪界的甩尾之王」施展華麗無比的超絕技巧

沒有命中自己的凍氣讓路面形成凍結狀態，輪入道就這樣讓身體滑行，一邊靈巧地閃避雪女的攻擊。真不愧是妖怪界中的甩尾之王啊！

### 決勝點

**3** 輪入道用
危險駕駛撕裂對手！

輪入道展開猛烈的反擊！使出的招式
是伴隨火焰傷害的身體衝撞。無法用
冰冷氣息命中輪入道的雪女，反而受
到多次的回擊傷害，漸漸地冒出水蒸
氣、開始融化，最後就這樣蒸發在空
氣之中。

## 關鍵的一擊!!
### 纏繞妖炎的危險駕駛行為

以極快的速度猛烈地用身體衝撞，會
帶給敵人超乎預期的傷害。這也是輪
入道的戰鬥技巧所在。

**勝者** **紅**

# 輪入道

　　因為使出了超越雪女冰冷氣息
的速度，讓輪入道得已取勝。只
不過，即便勝利的方格旗已經揮
下，輪入道還是沒有停下腳步，
繼續朝著另一頭飛馳而去。

下場對戰　狒狒　對　大嶽丸 ⇒

# 大嶽丸

將神通力鍛鍊至極的鈴鹿山鬼神

白 對戰選手

## 狒狒

力
攻
防
速
妖
恐

　　在平安時代，居住於鈴鹿山的鬼怪大將。坂上田村麻呂奉天皇之命，擊退了大嶽丸。之後靠著三明之劍的力量復活，把根據地換到岩手山，繼續興風作浪。坂上田村麻呂再次前往討伐大嶽丸，並斬落了他的首級。大嶽丸擁有神通力，是能夠操縱天氣、進行變化和分身等各式各樣術法的實力派妖怪。

| 體 長 | （推測）30m |
|---|---|
| 傳承地區 | 東北、近畿地區 |
| 必殺技 | 多樣性的術法和不死之體 |
| 出 處 | 『鈴鹿草紙』、『田村草紙』等 |

出沒地域

## 必殺技

# 藉由神通力施展多樣性術法，
# 以及被守護劍堅守的不死之體

　　大嶽丸擁有非常高超的神通力，不僅能夠呼風喚雨，也擅長變化之術，或是將自己分出數千個分身，甚至能召喚出冰劍或冰矛展開攻擊，能驅使的術法千變萬化。此外還持有「三明之劍」這項寶物，擁有三明之劍，即便頭被砍下也會重新復活。真的是如虎添翼的能力啊！

首輪賽事從山岳妖怪對抗中勝出的狒狒，這次要面對的是同樣屬於野性派的對手。只不過大嶽丸不只是空有蠻勇，也是強大的鬼怪。究竟這次狒狒的野性力量能不能發揮功效呢？變成決鬥場的山林，響起了激烈的開戰鑼聲。

## 決戰開始

### 1
#### 以從背後悄悄接近的游擊戰展開攻勢

在進行戰鬥準備的大嶽丸身後，狒狒正悄悄地準備進行奇襲！沒注意到背後動靜的大嶽丸，就這樣被狒狒用大樹樹幹敲昏了。

### 2
#### 狒狒獲得勝利！只不過，這其實是引誘牠大意的陷阱！

以怪力自豪的狒狒使盡全身力氣，把大嶽丸的頭一把扯下。但獲勝自喜的狒狒，卻沒有注意到手上的頭顱突然露出一抹笑容。

## ③ 決勝點

### 劍和矛宛如活的生物一般展開攻擊！

大嶽丸是能使用神通力的強敵，可以將召喚出的劍和矛操控得就像是生物一樣，把太過大意的狒狒背後插得宛如刺蝟。不知道在何時讓頭部回歸身體的大嶽丸，其笑聲響徹整個山谷。

## 關鍵的一擊！！

### 念力・劍矛集中豪雨

控制無數的劍與矛進行攻擊，是過去和征夷大將軍坂上田村麻呂對決時也使用過的必殺技。

**勝者** **紅**

# 大嶽丸

對擁有操控自然界能力的大嶽丸來說，和狒狒的戰鬥就猶如扭斷嬰兒的手那樣輕鬆。不管頭被砍掉多少次都能復活，實在是強勢過頭的鬼怪啊！

# 二輪賽事　總評

二輪賽事可以說是從首輪賽事脫穎而出的妖怪們與種子選手妖怪們激起火花的一系列大戰。下面就讓我們來回顧本階段激烈戰況的歷程。

## 這就是妖怪大戰爭！妖術和神通力交鋒的二輪賽事

和首輪賽事大大不同，增加了很多運用神通力或妖術的華麗戰鬥。天狗的大水、狐狸與狸貓的對決、操縱天氣的龍、崇德院發出的雷電與火焰、召喚武器的大嶽丸等等，每一場都交織著無法等閒視之的神通力或術法大亂鬥。

進入二輪賽事後，比賽就已經不是單靠自己的得意技巧就能獲勝的單純戰鬥了。還必須擁有各式各樣萬用的術法或神通力才更加有利。

此外，大入道的掌擊和焰入道的炎之突進等物理攻擊技巧，若是沒有超過首輪賽事等級的強大力量是很難贏過他們的。非常遺憾，看來即便從首輪戰脫穎而出，實力等級還是有落差啊……

**PICK UP!**

大蜈蚣是首輪賽事勝出的妖怪中唯一一贏過種子選手的。因為龍族對上大蜈蚣會比較弱的關係，所以也可以說是大蜈蚣的特性發揮效用了。

## WINNER

### 九尾狐

這場變化妖怪對決是由狐狸獲勝。對變化之術登峰造極的狐狸來說，識破狸貓的變身實在太簡單了。

### 崇德院

土蜘蛛的定身幻術對崇德院毫無效果。那股強烈的憎恨意念，就是崇德院妖力的來源。

### 大嶽丸

大嶽丸召喚出劍與矛，強勢擊垮了狒狒。對單靠肉搏戰決勝的狒狒來說實在太不利了。

## 專欄 2

# 部門分類 妖怪排行榜

在淘汰賽對戰中有各式各樣的妖怪展開激烈對決。戰鬥中，眾多妖怪皆使出渾身解術要取得勝利，現在我們就用不同部門來分類，看看哪個妖怪是該領域之中的箇中翹楚。

 **力**

在妖怪之中，實力超過百萬馬力的強者比比皆是。這些妖怪的豪勇在戰鬥中也讓眾人為之驚嘆。到底是哪個妖怪會站上能力排行的頂點呢？

### 1位 大入道

#### 由10m的巨大身軀發出的力量

即便只是行走，都能引起宛如5級地震般、劇烈地撼動大地的巨人・大入道。即便是擁有豐沛妖力的妖怪聚在一起，應該也不及他的雙腳吧。

戰鬥中光是用手一揮，就把擁有利刃的鐮鼬打飛了。

### 2位 狒狒

活得較久的猿猴變化成妖怪。雖說有年紀了，但實力可不弱！不如說是恰好相反。擁有連百年大樹的樹幹都能粉碎的怪力。

### 3位 大嶽丸

身高30m的鬼神・大嶽丸。擁有讓神劍寄宿在體內的神通力。過去和人類對戰的時候，向眾人展現了讓三萬大軍都無法靠近的怪力。

## 速度

接下來，讓我們來看一下速度這個類別吧。有的妖怪身軀雖然巨大，但速度可不一定較慢。究竟妖怪界的速度之王會是誰呢？

### 1位 雷獸

**雷電的威脅性**

雷電的寵兒・雷獸，理所當然也承繼了雷電的速度。落雷的速度相當快，從雲端傳到地面時速快達70萬km以上。

### 2位 鐮鼬

體型雖然小，但是敏捷度絕對不輸人的鐮鼬。其速度之快，總而言之就是連牠的樣貌都無法看清楚的疾速。

### 3位 輪入道

移動速度達時速100km。使出能將高速公路行駛車輛甩在身後的高速，用冒著火焰的身體朝著敵人撞上去。

## 妖力

妖力，是能夠引發人類理解程度所不能及的不可思議現象之能力。雖然每個妖怪理所當然都擁有這種能力，但其中的等級差異可是有雲泥之差。

### 1位 九尾狐

**世界王者等級的妖術師**

化身為絕代美女誘騙君王和天皇，被討伐之後變成一塊石頭，但還是擁有能殺死接近之人的強大妖力。足跡遍及中國、朝鮮半島、日本等國，對其廣泛的活動範圍只能感到佩服了。

### 2位 崇德院

日本三大怨靈之一，相傳祂咬舌出血，並且還立下詛咒，那股怨恨的力量可不容小覷喔。

### 3位 天狗

也會被當成神明敬畏的天狗。是能施展空中飛行、瞬間移動、讀心術等各式各樣妖術的術法專家。

# 特別戰
# 日本妖怪 對 世界妖怪
# 五戰勝負

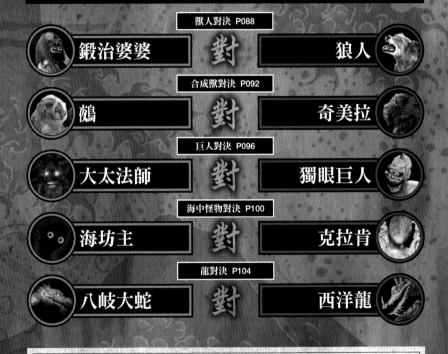

獸人對決 P088
鍛治婆婆 對 狼人

合成獸對決 P092
鵺 對 奇美拉

巨人對決 P096
大太法師 對 獨眼巨人

海中怪物對決 P100
海坊主 對 克拉肯

龍對決 P104
八岐大蛇 對 西洋龍

　　在三輪賽事以及諸位妖怪進行準備的空檔，我們將要展開特別的對戰賽事。現在要從世界各地，選出日本妖怪及世界妖怪來進行五戰勝負的對決。

　　日本組選出的妖怪個個都是剽悍的角色，而世界組招募的也都是強大的妖怪。此外，每一場賽事都是有特殊主題的，在這個特別戰系列，將會決定獸人、合成獸、巨人、海中怪物、龍等同類型妖怪彼此能力的高下之分。

　　究竟日本的妖怪是否能抗衡世界妖怪的挑戰呢？

# 鍛治婆婆

兇惡的群狼首領

日本

## 必殺技　狼群協力攻擊

　鍛治婆婆率領著高達千隻的凶狠狼群，只要被鎖定了，不只是鍛治婆婆，還必須同時對付整個狼群。當大軍集結之後，攻擊力可是無法估算的。

力
攻
速
恐
妖
防

　外觀為戴著巨大鍋子的白毛狼，是襲擊旅人的狼群首領。平時偽裝成老婦人的外貌，以打鐵舖婆婆的身分度日。當旗下狼群在狩獵時遭遇阻礙，就會挺身而出，攀上狼群組成的梯狀陣勢，從上方觀察情勢，發動攻擊。

妖怪資料

| 體長 | （推測）70cm |
|---|---|
| 傳承地區 | 高知縣 |
| 必殺技 | 狼群協力攻擊 |
| 出處 | 『繪本百物語 桃山人夜話』等 |

出沒地域

滿月之夜的大變身

# 狼人

必殺技 **感染的爪與牙**

擁有就算是巨型野獸也能一擊就將之撕裂的銳爪和利牙。如果被狼人的牙齒咬到，滿月變身的詛咒也會降臨在被咬之人身上。

力
防　攻
妖　速
恐

看到滿月，身體就會長出野獸般的體毛和利牙，變成嗜血的狼人。是上半身為狼、下半身為人的半人半狼型態。性格會因此狂暴化，在森林、田園、人類家園作亂。變身時會發出響徹的嚎叫，在走夜路時聽到的話，可要多加提防。

| 體　長 | （推測）180cm |
| --- | --- |
| 傳承地區 | 歐洲 |
| 必殺技 | 感染的爪與牙 |
| 出　處 | 歐洲民間傳承 |

出沒地域

妖怪資料

「最強妖怪王者爭霸」的二輪賽事也告一段落了，比賽也來到白熱化的階段。在三輪賽事開始之前，我們在這裡將先為各位送上特別戰的實況。日本最強的妖怪碰上世界最強的妖怪，將賭上各自國家的威望進行戰鬥。第一戰，就是擁有野獸力量的獸人對決！

## 決戰開始

### 1 千匹狼發動集體攻擊，普通的人類根本無法抵擋！

明亮的滿月高掛天空之際，一個男人正在山中漫步著。突然間，不知從哪裡冒出來的大量狼群面露兇相，包圍住男人，並且朝他飛撲過去。

### 2 看到滿月後，男人突然大變身，使出怪力擊飛了狼群

就在大家認為這個男人肯定馬上就倒地不起的時候，蜂擁的狼群突然被彈飛，位在狼群圍繞中心的，是一個外貌變成狼、卻還用雙腳直立的高大男人，正朝著天空狂嚎。

### 3

千匹狼群聚在一起，**決勝點**
用盡全力一招擊倒

感覺到再這樣下去可不行的狼群，開始呼喚牠們的首領鍛治婆婆。接著，一隻頭戴鍋子的白毛狼出現了，她攀上疊起陣勢的子弟兵們，迎面就是給狼人一擊！

## 關鍵的一擊!!

鍛治婆婆＆千匹狼的雙重攻擊

日本　　勝者

# 鍛治婆婆

鍛治婆婆是過去被狼殺害的婦人，其怨念附在頗有歲數的狼身上後變成的妖怪。率領眾多狂暴狼群的她，即便是代表歐洲的狼型妖怪也無法匹敵。

狼人失去平衡，被鍛治婆婆鎖定瞬間破綻給予一擊。剎那間的鬆懈就決定勝負了。

下場對戰　鵺 對 奇美拉 ⟹

# 日本

## 夜鵺

### 響徹在闇夜的詛咒咆哮

**必殺技** 詛咒的鳴叫聲

會發出能讓聽到的人生病的奇特叫聲。光是看到牠那像是由猿猴、狸貓、老虎、蛇等各式各樣生物混合而成，彷彿根本不會存在於這世界的外貌，就夠令人震撼了。

力
攻
速
恐
妖
防

據說有著猿猴的頭、老虎般的手腳、在狸貓的身軀上還長了蛇型態的尾巴，是個由複數動物的一部分組合成的妖怪。牠會在深夜中發出「啾～～啾～～」的詭異叫聲，好像是在預告著不吉之事的到來。據說光是聽到這個聲音，就讓近衛天皇病倒了。

**妖怪資料**

| | | |
|---|---|---|
| 體長 | （推測）180 cm | |
| 傳承地區 | 京都府 | |
| 必殺技 | 詛咒的鳴叫聲 | |
| 出處 | 『古事記』、『萬葉集』、『平家物語』等 | |

出沒地域

醜惡的混合獸

# 奇美拉

**力**

**防**

**攻**

**妖**

**速**

**恐**

**必殺技**　野獸的能力與火焰

從口中吐出的火焰擁有能瞬間將大地燒盡程度的破壞力。此外那銳利的巨大獅爪、堅硬的山羊角、本身就是毒蛇的尾巴，每一處的攻擊力都不容小覷。

有著獅子的頭、山羊的身體、尾巴還是毒蛇的怪物。牠是在希臘神話中由魔物堤豐和半人半蛇的蛇妖厄克德娜所生，是百分百的純正怪物。身體十分強健，還會從口中吐出火焰。其火焰的威力可以輕易將一座山燒光。

| | |
|---|---|
| 體長 | （推測）200 cm |
| 傳承地區 | 歐洲 |
| 必殺技 | 野獸的能力與火焰 |
| 出處 | 希臘神話 |

**出沒地域**

妖怪資料

特別戰的第二場戰鬥，是各種動物融合成的奇特怪物之爭。因為是各式各樣動物的合體，因此威力可不是半吊子喔！面對在空中飛竄、發出怪聲的鵺，奇美拉也像是要粉碎那種聲音一般提高了嘶吼的聲量。勝負之戰就此展開！

## 1 決戰開始

### 奇特又不可思議的呢喃，首先就用聲音來恫嚇對手

一邊發出奇怪的叫聲，鵺開始從空中對奇美拉展開突擊。奇美拉的蛇頭和鵺的蛇頭隨即展開激戰。就在雙方你來我往時，其餘的頭也發出怒吼，注視著對手。

## 2

### 戰況呈現五五波，瞬間的破綻將會成為決勝關鍵

虎爪對上獅子爪、加上蛇尾的對決，兩邊勢均力敵。每個部位的頭都在激烈的對拉、撕咬，勝負且

# 第二戰　合成獸對決

## 決勝點

**能夠燒毀一切的**
**奇美拉火焰將鵺包圍了**

鵺的猿猴頭和奇美拉的獅頭仍持續著壯烈的戰鬥，這時奇美拉的山羊頭也參戰了。戰局變成1對2。奇美拉沒有放過鵺在瞬間顯露的破綻，立刻噴出火焰困住對手。

## 關鍵的一擊!!

### 狂暴的三顆頭

鵺有兩種動物的頭，奇美拉則是三種。當雙方較勁時，差一顆頭可能就是很大的致勝因素。

**勝者**

## 奇美拉

噴出的烈火燒遍大地，被火焰吞噬的生物最終都逃不掉被吃掉的下場，這就是奇美拉驚人的力量。讓平安時代貴族苦惱的鵺，面對這種壓倒性的力量也無可奈何。

下場對戰　大太法師 對 獨眼巨人 ⟹

# 大太法師

## 能夠堆山造海的巨漢

力
攻
速
恐
妖
防

**必殺技** 巨大過頭的身軀

　一身怪力，強大到能夠挖土造出日本第一高山・富士山。而土壤被挖空之處，就成為日本第一大的湖泊・琵琶湖。那股威猛的力量絕對是超乎想像的。

　日文名中的「だいだら」（Daidara）是「龐大」之意。據說大太法師就像一座山那樣巨大，擁有能夠在日本各地打造山與湖泊的力量。其驚人的力氣可不能等閒視之，光是用腳一踏就能形成湖泊、池沼。但是他的個性溫和，不會做出危害人類的事情。

妖怪資料

| | |
|---|---|
| 體長 | （推測）1km |
| 傳承地區 | 除了北海道和沖繩之外的日本各地 |
| 必殺技 | 巨大過頭的身軀 |
| 出處 | 『奇談一笑』、『常陸國風土記』等 |

出沒地域

# 獨眼巨人

一隻眼睛的狂暴巨人

**力**
**攻**
**速**
**恐**
**妖**
**防**

### 必殺技　巨體的剛猛之力

面對其巨大身體使出的百萬馬力，幾乎所有的渺小生物都只能望之興嘆。此外，不僅擁有製作鐵製武器的鍛造技術，還能夠操縱雷電。

於希臘神話中登場，只在額頭的中央長了一個大眼睛的巨人。相傳原本是雷精三兄弟，是擁有優秀鍛鐵技術的神。但因為個性粗魯暴躁，因此被父親嫌棄，所以被監禁了起來。

| | |
|---|---|
| 體長 | （推測）300 m |
| 傳承地區 | 希臘 |
| 必殺技 | 巨體的剛猛之力 |
| 出處 | 希臘神話 |

出沒地域

妖怪資料

人類遙不可及的龐然巨體，揮出不同檔次力量的剛猛雙臂。在日本各地留下傳說的巨人、在希臘神話時代讓歐洲陷入恐慌的巨人，這場夢幻的爭霸戰竟然就此實現了！若是讓他們大鬧一場的話，不管是大地、海洋、天空，大概都會化為一片煙塵吧！

## 決戰開始 ①

### 粗暴的獨眼巨人襲擊普通人類的家園

狂暴的吃人怪物‧獨眼巨人朝著人們的家園襲來，開始四處肆虐。光是看到就讓人嚇破膽的獨眼巨人，人類如同螻蟻之力的抵抗根本沒有效用。

### ② 似乎有什麼東西悄悄地潛伏在獨眼巨人背後，感覺是相當巨大的怪物……

然而，獨眼巨人的頭上突然被一片黑暗壟罩，在下一個瞬間，獨眼巨人已經被抓上空中了。原來是大太法師一把將獨眼巨人捉起。

# 決勝點

**3** 用超凡的身體和
力氣拋飛對手

即便同樣都是巨人，但是身高只有區區數百m左右的獨眼巨人，又怎麼能抗衡高達1km、像一座山那麼龐大的大太法師呢？

## 關鍵的一擊!!
### 連山都能撼動的剛腕

這是一場不論體格或力量都無法相提並論的戰鬥。太大法師就像等待早餐送上時那樣一派輕鬆。

日本 ── 勝者

# 大太法師

大太法師的身軀之龐大、力氣之強，完全就不是同個級別的。而獨眼巨人襲擊無辜的人類這點，也是讓大太法師憤怒的原因之一。

下場對戰　海坊主 對 克拉肯 ⟹

# 日本

## 海坊主

### 威嚇大海的黑色巨體

必殺技 **閃耀的雙瞳**

　會以雙眼發出閃耀光芒、宛如巨大大佛般的姿態現身。不僅讓人光是看到就爲之恐懼，若是跟海坊主發光的雙眼對上，據說身體就會因此無法動彈。

力
攻
速
恐
妖
防

　會在原本平穩的夜晚海上出現，掀起劇烈風浪的海中妖怪。還會破壞船隻，將人類拖進海裡。相傳若是違反「除夕不要去海邊」、「男性船員中混入女性會不吉利」等關於大海的禁忌，海坊主就會出現。

妖怪資料

| | | |
|---|---|---|
| 體 長 | （推測）30m | |
| 傳承地區 | 日本全國 | |
| 必殺技 | 閃耀的雙瞳 | |
| 出 處 | 『雨窗閑話』、『本朝俗諺志』等 | |

出沒地域

# 克拉肯

從海底伸出束縛目標的無數隻腳

**力**
**攻**
**防**
**速**
**妖**
**恐**

## 必殺技　纏繞之腳

像是章魚或烏賊那樣擁有大量的腳，克拉肯會以全部的腳來發動進攻。因為腳上都長有吸盤，只要獵物被抓住後就不可能逃走。

　　說到克拉肯的特徵，就是那驚人的尺寸吧！世上流傳著許多誤以為眼前是一座島而登陸，但那座島其實就是克拉肯，因而被拖入海中的傳說。一旦碰到牠，就是人生的謝幕了。即便你躲在船上的某處，克拉肯還是會翻覆整艘船，吞下所有人。

| | |
|---|---|
| 體 長 | （推測）100m |
| 傳承地區 | 挪威 |
| 必殺技 | 纏繞之腳 |
| 出 處 | 北歐傳承 |

**出沒地域**

**妖怪資料**

特別戰的賽事也來到了終盤對決。延伸至遙遠地平線的寬廣大海，不論古今，都流傳著許多未知生物的故事。海坊主的故鄉‧日本、克拉肯的根據地‧挪威，都是和海洋關係緊密的國家。那麼，接下來就請賭上海中妖怪的榮耀奮勇一戰，讓我們見識見識吧！

## 1

**海之巨人‧海坊主登場，陷入大海翻騰危機的船舶就快沉沒了！**

在漆黑平靜的夜晚大海，突然掀起一陣如高山般的浪濤。從海中現身的，就是鎖定快翻覆的船舶，並將它抓起的海坊主。

### 決戰開始

## 2

**為搶奪獵物而引發戰鬥巨大的怪物們在海上開戰了**

只不過，克拉肯早就潛伏在那艘船的底下了！獵物被搶走的克拉肯因此勃然大怒，暫時先放過船舶，對海坊主展開攻擊。海上的船就像汪洋中的一片葉子那樣劇烈地浮沉。

### 3 決勝點

**用複數的腳使勁施展纏繞攻擊！
被困住的海坊主無法逃脫！！**

雖然比力量，雙方勢均力敵，但克拉肯可是有著無數的腳。牠巧妙地運用自己的優勢，將海坊主緊～緊地纏住，海坊主就這樣失去意識，沉入海中。

**關鍵的一擊！！**
用長有吸盤的腳施展纏繞攻擊

只要被這些帶有黏性又充滿怪力的腳抓住，就到死都無法脫離了。腳上的吸盤真是強悍的敵人啊！

**勝者** **世界**

# 克拉肯

不論是比體型還是力氣，雙方其實都勢均力敵。但是只要被無數的腳困住，就無法逃出生天。趁著海中兩大巨頭對戰的時候，那艘船也拼命逃走了。

下場對戰　八歧大蛇 對 西洋龍 ⟹

# 日本

## 八岐大蛇

### 擁有八頭八尾的最強蛇妖

**必殺技　八頭的多樣化攻擊**

八顆頭都具有狂暴性與攻擊性。不管是被其長長的頸子束縛，還是被銳利的牙齒咬住都難以抗衡。八岐大蛇的體內還存在一把神劍，因此妖力更是無法評估。

力
攻
速
恐
妖
防

在蛇類妖怪之中，八岐大蛇也是位居頂點，在日本的神話以及民間故事中都有登場。頭和尾都有八個，體型之巨大更是能形成八峰八谷之勢，還會從目中噴出如火焰一般的毒物。若是沒有每年獻上年輕少女當祭品，八岐大蛇可是會因此震怒的。

妖怪資料

| | |
|---|---|
| 體長 | （推測）200 m |
| 傳承地區 | 山陰地區 |
| 必殺技 | 八頭的多樣化攻擊 |
| 出處 | 『古事記』、『日本書紀』等 |

出沒地域

噴出毒焰的邪惡龍族

# 西洋龍

力

攻

防

速

妖

恐

**必殺技**　毒與焰的吐息

從口中吐出的毒和火焰，毀滅了人類的家園。因為有著堅硬的鱗片，若是被牠的尾巴掃到絕對是不堪一擊。還會靠著雙翼飛上空中，讓人難以攻擊。

像是由蛇或蜥蜴等多種動物合體的爬蟲類系妖怪。擁有銳利的牙齒和如同鋼鐵般堅硬的爪子，還生有一雙強韌的翅膀，能夠自由自在地飛翔。平時大多居住在森林的深處或洞窟內，相傳會擄走人類女性當作妻子。

| | |
|---|---|
| **體　長** | （推測）100m |
| **傳承地區** | 歐洲 |
| **必殺技** | 毒與焰的吐息 |
| **出　處** | 北歐神話、希臘神話 |

出沒地域

妖怪資料

105

特別賽事終於來到最終戰。日本最古老的妖怪
八岐大蛇，牠的八顆頭就是最強的武器。歐洲最
強也最有名的西洋龍，則是擅長活用雙翼進行空
中攻擊。究竟在這個日本VS世界的特別戰系列的
最後，會由哪一方取得勝利呢？

**決戰開始**

**1**

世界知名的兩大龍類怪物
相遇的瞬間，戰況就一觸即發

揮動巨大強韌的翅膀，西洋龍降落在某一個草原
上。但事實上，那片草原其實是八岐大蛇長滿茂密
草木的背部。雙方相遇後對彼此的第一印象就非常
差。

**2**

從憤怒的眼神對峙，
到火焰對火焰的激烈交鋒

對於西洋龍的無理行徑，八岐大蛇驅動著憤怒
的八顆頭，從四面八方襲向對手。但西洋龍也
不甘示弱，露出牠自豪的利牙與銳爪，並噴出
火焰來應戰。

**決勝點**

**3**

即便堪稱歐洲最強，
但西洋龍終究只有一顆頭

西洋龍用帶有毒物的火焰猛烈地噴向八岐大蛇，但八岐大蛇的八顆頭卻靈活地閃避攻擊。因此即便是強悍的西洋龍，也耗費了相當多的體力。

**關鍵的一擊!!**

八顆頭發動的總攻擊

因為西洋龍只有一顆頭，即便是強力的火焰攻擊，也無法同時對付八岐大蛇全部的頭。

日本　勝者

**八岐大蛇**

堪稱歐洲最強的西洋龍，無法因應八顆頭的動向，體力因此也到了極限。看到有機可趁的八岐大蛇，便順勢發動八顆頭的攻擊，撕裂了西洋龍。

# 特別戰　總評

宛如國際賽事一般的特別戰。面對世界知名的妖怪，日本妖怪的奮戰也絲毫不遜色，讓我們來回顧一下這個系列的對戰吧！

## 即便是世界級賽事也不遜色！日本的妖怪真的很強

　　本次對世界妖怪發起挑戰的日本妖怪，五個裡面就有三個擁有龐大的身軀。不只是體格健壯，同時也都有豪勇之力。

　　雖然海坊主戰敗了，但就結果而言我們都能清楚了解到，大太法師和八岐大蛇都擁有與世界屈指可數的強者比肩的巨體與強大力量。

　　即便是海坊主，也是因為對手克拉肯擁有大量的腳，在數量上無法匹敵的關係而敗退，如果只看巨大的身體以及強度來說，克拉肯或許也並非海坊主無法對抗的敵人吧？

　　另一方面，率領千匹狼大軍的鍛治婆婆，就連碰上威震歐洲的狼人，也向大家展現了壓倒性的強悍。

PICK UP!

在日本有很多對人類友善的妖怪。大太法師會施展怪力，也是源自對人類的關懷。

## WINNER

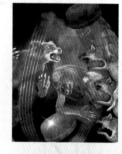

### 鍛治婆婆

鍛治婆婆雖然瘦骨嶙峋，但實力絕對不容小覷。若是輕敵可是會吃大虧的。

### 大太法師

不知敗仗為何物的巨人，平時其實相當溫和。但是只要惹火他就會變得很可怕喔！

### 八岐大蛇

自日本神話時代開始就連神都為之忌憚、擁有強大妖力的八岐大蛇。

## 如果多一顆頭就好了！
## 被夾擊而疏忽的敗戰

　　日本的合成獸代表鵺，外貌帶給人的詭異感受、無止盡的狂暴，這些特質都讓人覺得奇美拉之流的怪物根本不是對手。

　　但是，奇美拉擁有獅子和山羊兩種動物的頭部。而鵺只有一顆頭，在力量上實在無法抗衡，因而敗下陣來。這也是無可奈何。

　　鵺因為必須一次應付兩顆頭的攻勢，因此在瞬間露出了破綻。而且鵺無法噴出火焰，所以也可以說妖力上的差距左右了勝負的關鍵。

　　過去鵺的奇特叫聲曾經讓日本天皇病倒，但是對同樣身為怪物的奇美拉好像發揮不了作用。

腳上有敏捷的銳爪，加上口中長有利牙、還能吐出帶有毒物的火焰，讓奇美拉所向披靡。

克拉肯多隻腳上的吸盤，只要被吸住一次，到死都無法逃脫。真的是相當強大的武器。

## 如果有更多的腳
## 就不會打輸的！

　　接下來又是一個稱之為「數量定勝負」也不為過的案例，苦主就是海坊主。不論是體型大小還是力量強度，絕對都不會弱於克拉肯。

　　只不過，克拉肯擁有大量充滿妖力的腳，而海坊主卻只有兩條手臂。甚至克拉肯的腳還擁有能將大型船隻纏繞兩圈的長度，實在是很棘手。

　　只要被這樣的腳所困住，就算海坊主對自己的力氣再有自信，也無法掙脫。更何況克拉肯的腳還長有能在束縛時造成傷害度的吸盤呢！

# 一點都不可怕！
# 充滿迷人魅力的妖怪們

妖怪往往被認為是會襲擊人類的恐怖存在，但實際上，還是存在著很多不太會害人、甚至有點特別的妖怪喔！

## 向人類報恩的妖怪

### 變身成茶釜的狸貓！？

# 文福茶釜

因為受到人類幫助，狸貓為了表達感謝之意，因此化身茶釜讓自己被賣進寺院中。只不過開始點火燒水時，牠竟然就露出了原形！真是愛開玩笑的有趣妖怪呢！

- 出沒地區：群馬縣館林市的茂林寺
- 推測體長：約50cm
- 登場的故事：『甲子夜話』等

月岡芳年『新形三十六怪撰茂林寺的文福茶釜』（國立國會圖書館藏）

歌川廣景『江戶名所道戲畫十六王子狐火』（國立國會圖書館藏）

## 看到的話或許就會帶來好運！？

### 也有一說是狐狸嫁新娘時的火把光芒

# 狐火

會在沒有火源的地方出現的奇怪火焰。相傳除夕，關東的狐狸們就會集體前往東京的王子稻荷神社參拜。那個時候的狐火隊伍堪稱絕景。

- 出沒地區：王子稻荷神社等處
- 推測體長：約50cm
- 登場的故事：『諸國里人談』、『本朝食鑑』等

## 碰到了會嚇一跳，但不會帶來不好的影響

一壽齋芳員『百種怪談妖物双六』（國立國會圖書館藏）

一壽齋芳員『百種怪談妖物双六』（國立國會圖書館藏）

### 會幫人們打掃浴室!?

# 垢嘗

外觀像是留著一頭散亂髮型小孩的妖怪。會在夜晚出現，用長長的舌頭舔食浴室各處的污垢。

- 出沒地區：日本全國
- 推測體長：約100cm
- 登場的故事：『畫圖百鬼夜行』、『古今百物語評判』等

### 超可愛!?妖怪界的療癒系！

# 豆腐小僧

會在盆子內盛著豆腐，雙手捧著在街上徘徊的小孩外貌妖怪。並不會作亂，反倒是個性相當怯懦。

- 出沒地區：日本全國
- 推測體長：約50cm
- 登場的故事：『狂歌百物語』、『天怪著到牒』等

## 如果你不好好愛惜物品的話……

### 被丟棄的物品裡寄宿著靈魂

# 付喪神

如果把使用很久的物品隨意放置丟棄的話，它們可能就會變成妖怪喔！還會成群結隊地在街道上行進，準備向無情的人類報復。

- 出沒地區：日本全國
- 推測體長：約50～100cm
- 登場的故事：『付喪神繪卷』、『伊勢物語』等

『百鬼夜行繪卷』（國立國會圖書館藏）

# 最強妖怪王者
## 爭霸淘汰賽對戰
### 三輪賽事

 天狗  九尾狐

P114

 大蜈蚣  崇德院

P116

 大入道  清姬

P118

 輪入道  大嶽丸

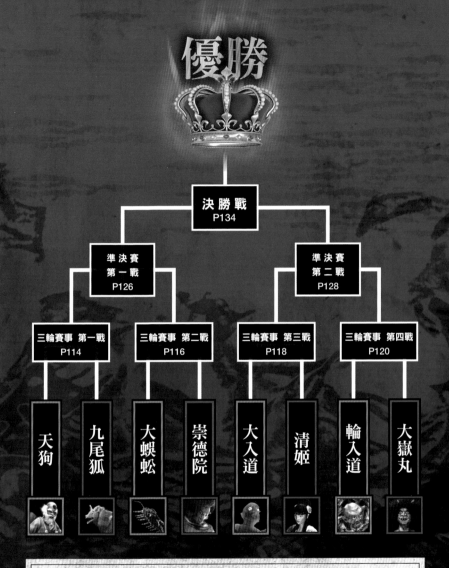

優勝

決勝戰
P134

準決賽
第一戰
P126

準決賽
第二戰
P128

三輪賽事 第一戰
P114

三輪賽事 第二戰
P116

三輪賽事 第三戰
P118

三輪賽事 第四戰
P120

天狗

九尾狐

大蜈蚣

崇德院

大入道

清姬

輪入道

大嶽丸

最強妖怪王者爭霸淘汰賽對戰已經來到八強賽的局面。毫無疑問，能挺進到這個階段的每一個都是強者，到底最後會由誰勝出，肯定是很難判斷的吧！

天狗和九尾狐，誰的妖術比較強呢？崇德院和清姬都面對體型與自己天差地遠的對手，又該怎麼迎擊呢？使用百變術法的大嶽丸，又會運用什麼樣的術法壓制敵人呢？

不論是哪一場比賽，都會讓人難以將目光移開的戰鬥，現在正式揭幕了！

三輪賽事的開幕戰，兩位選手都是被當時的掌權者所畏懼，在這樣的情況下壯大，並且在歷史留名的實力派。天狗揮了一下手中的羽毛團扇，空中隨即烏雲密布、降下大雨。人類型態的九尾狐則是放出邪惡的妖氣，準備迎接接下來的對決。最驚人的妖術爭霸，現在終於要開始了！

# 決戰開始

## 1

這場妖術對決以纏鬥戰的形式開啟戰局！

暴風雨中展開的妖術大戰實在很驚人！九尾狐所放出的毒氣，幾乎都被雷電所打散。而天狗召喚出宛如機關槍攻勢一般的石礫攻擊，也被九尾狐颳起的強風吹飛。

## 2

長久以來累積的修行，光靠色誘是無法取勝的

雙方都採取你來我往的接連猛攻，局勢尚未明朗。這時九尾狐使出了迷惑占印度及中國皇帝的色誘作戰，但這對努力修行的天狗發揮不了作用。

# 3 決勝點

## 最後演變成卯足全力的肉搏戰！

九尾狐現出了原貌，朝著天狗飛撲而去！沒有意料到這招的天狗，此時也用怪力奮力抵抗。雙方都因為激烈的肉搏戰變得傷痕累累。最後先筋疲力盡的，是被九尾狐的九條尾巴綁住的天狗！

## 關鍵的一擊！！

### 九字固定技

使用九條尾巴，藉此封住對方行動的這個招式，是九尾狐的秘招。接下來就是一口氣用利牙將對手撕裂。

## 勝者

# 九尾狐

妖術大戰的階段，雙方處於你來我往的膠著狀態，但是進展到格鬥戰的階段，就分出了勝負。要比肉搏格鬥的話，對曾經轉戰亞洲各國的九尾狐來說是有優勢的。這就是野性之血的威力嗎!?

下場對戰　大蜈蚣 對 崇德院 ➡

# 大蜈蚣 對 崇德院

這場由打倒許多強敵的大蜈蚣，對上日本著名的怨靈・崇德院的賽事，是一場由超強力量VS神通力的戰鬥。面對震動著尖銳毒牙來威嚇自己的大蜈蚣，崇德院則是回以同樣銳利的眼神目視。我們可在這場戰鬥中看到雙方量級上的差距。對於體型大小的差異，崇德院會如何應對呢！？

## 1

**突如其來的起跳，展開飛越攻擊**

## 決戰開始

還不知道比賽是否宣告開始，大蜈蚣就突然對空中的崇德院發動飛越攻擊。這是長達數百公尺等級的大跳躍。只不過，崇德院似乎絲毫沒有要閃避的意思。

## 2

**沒有實體的對手，實在難以攻擊**

雖然大蜈蚣果敢地採取突襲戰術，但是崇德院是沒有實體的，因此大蜈蚣就這樣穿了過去。對手是怨靈，不管大蜈蚣攻擊了多少次，毒物或物理攻擊都沒有用！

# 決勝點

### 3 採用和俵藤太相同的戰法

崇德院憑空召喚出一把弓箭。相傳大蜈蚣過去曾經被俵藤太這名武將打倒過。崇德院先發制人、採用同樣的方式將沾有唾液的箭射進大蜈蚣的眼睛。富有學養的怨靈果然層次不同啊！

## 關鍵的一擊!!
### 蜈蚣殺手・弓箭

一邊祈求武神八幡神、一邊將沾有唾液的箭射出，這一箭就具備了貫穿大蜈蚣堅硬外骨骼的神通力。

### 勝者

# 崇德院

俵藤太打倒大蜈蚣的英雄事蹟，是比崇德院生活的時代還早兩百年左右的傳說。知道這段故事，還將之運用到戰術之中，顯現出崇德院作為文人的學養。

下場對戰 大入道 對 清姬 ⟹

# 大入道 對 清姬

現在來到東洋的大巨人‧大入道，對決火焰的妖蛇‧清姬的一戰。相對於清姬一開始就現出妖蛇型態備戰，反觀大入道則是氣定神閒，似乎毫無戰鬥意圖地站在那裡。是對自己巨大的身體有自信，還是另有什麼作戰的盤算呢？在這個山岳地帶，一場由怪力技對決纏繞束縛技的戰爭就此開始！

## 決戰開始

### 1 清姬的身軀就是活生生的鞭子

率先展開行動的清姬，靈活地閃過大入道揮出的巨大手臂，用長長的身軀像鞭子那樣打向大入道。但是大入道不管受到什麼攻擊，都像是沒事一樣。

### 2 清姬開始對腳部進行集中攻擊

自己的攻擊無法對大入道發揮效用，清姬也開始著急了。但是她並沒有放過偶然打中腳部時，大入道臉上露出的那抹痛苦表情。因此清姬開始纏繞起大入道的雙腳。

# 決勝點

## 3

### 識破大入道的真面目…

清姬徹底對對手腳部施展纏繞攻擊，然而大入道那副痛苦的表情竟然開始消失。最後竟然化成只有小牛那麼大的大川獺屍體！？原來大入道是由大川獺所變身的，而本體就位在腳部。

## 關鍵的一擊!!
### 妖力阿基里斯腱固定技

雖然清姬擅長的是困住對方後再發出火焰燒死的技巧，但大川獺在那之前就已經被勒斃了。

### 勝者

# 清姬

光是憑大入道單純的怪力，是無法抗衡清姬那種針對弱點進攻、久經磨練的纏繞技巧以及冷靜的判斷能力。這場勝利毫無疑問是清姬壓倒性的勝出。

下場對戰　輸入道 對 大嶽丸 ⟹

擅長速度對決的輪入道，現在要越級挑戰鬼神大魔王·大嶽丸。雖然在危險行駛的技巧上得心應手，但碰上鬼怪的大頭目，很明顯就處於不利的形勢。即便如此，輪入道還是戰意滿點，全速迴轉自己的輪子、捲起陣陣煙塵。在開戰的鑼聲響起時，朝著對手奔馳而去。

## 1 決戰開始

面對輪入道威嚇性的奔馳，大嶽丸他……

輪入道在大嶽丸的周圍急速繞行，伺機找尋對手的漏洞。只不過，大嶽丸對於這樣強烈的行動卻是不為所動。戰法效果不如預期，火氣上來的大入道因此一口氣直接從正面衝向大嶽丸。

## 2 強烈的突襲產生猛烈撞擊。但是！

輪入道以猛烈的速度撞上大嶽丸的身體！只不過大嶽丸接下了這次的突襲，反倒將輪入道一把搞抱住。驚人的怪力讓輪入道無法動彈了！

# ③ 決勝點

## 以恐怖的怪力
## 粉碎敵人

臉上露出笑容的大嶽丸，對懷中抓住的輸入道施加力量。用力、用力、再用力！沒想到輸入道的身體開始出現裂痕，接著就被拆得七零八落了。連神通力都沒用到，大嶽丸憑藉怪力就取得了勝利。

**關鍵的一擊！！**

**憤怒的鬼之擒抱**

曾和眾多妖怪狩獵者較勁過的大嶽丸，用藉此鍛鍊出的怪力施展的熊抱攻擊也是自豪技巧。

**勝者**

# 大嶽丸

　在使出必殺妖術之前，大嶽丸就已經把對手粉碎了。即便輸入道的狂野行駛讓許多對手為之震撼，但遇到鬼神這樣的對手也是無計可施。

# 三輪賽事　總評

圍繞著八個妖怪展開的三輪賽事死鬥，到此告一段落。這四場比賽又是什麼樣的局勢呢？

## 肉體、頭腦、妖術兼備者才會勝出

如果我們一一檢視每場比賽的內容，就會很清楚地發現，第一、第四戰都是由肉搏戰定勝負。而第二、第三戰則是用頭腦戰分高下。

以妖術對決揭開序幕的天狗與九尾狐之戰，很意外地戰局被推展到肉搏戰的地步。

而清姬則是發現了大入道腳部孱弱的弱點，用蛇身使勁發動纏繞攻擊。

從這些層面就能讓我們體會到，來到三輪賽事這個階段，不管是肉搏戰還是頭腦戰，如果無法具備對應兩方的能力，就無法脫穎而出。今後若是想繼續獲勝的話，就必須提升到更強的境界吧！

## PICK UP!

察覺大入道死穴的清姬，便針對此處使出纏繞攻擊。因為原本就是人類，因此智慧相對較高吧！

## WINNER

### 九尾狐

雖然天狗和九尾狐彼此都是妖術高手，但最後還是演變成武藝和野性力量的對決。

### 崇德院

從俵藤太的事蹟聯想到用沾了唾液的弓箭射向大蜈蚣。這是博學的崇德院獲勝的原因。

### 大嶽丸

大嶽丸擁有多樣性的自豪術法，但力量也不容小覷。輕輕鬆鬆地就把輪入道拆解了。

# 守護日本歷史的妖怪狩獵者

人類與妖怪的戰爭，從古至今都沒有終止的一天。擁有能夠擊退強力妖怪這類特殊能力的人類，他們的存在不管在任何時代都是相當受人仰賴的。

---

### 討伐叛亂者・平將門的武將

## 藤原秀鄉

『俵藤太秀鄉繪卷』（國立國會圖書館藏）

藤原秀鄉是平安時代的武將。又名俵藤太。他曾經打倒了在琵琶湖一帶作亂、影響人民生活，身軀能盤據高山七圈半的巨大蜈蚣。

● 打倒的妖怪：大蜈蚣、大蛇百目鬼
● 武器：劍、弓箭
● 登場的故事：『俵藤太秀鄉繪卷』等

### 江戶時代最強的除靈師

## 祐天上人

淨土真宗寺院的僧侶。救助了許多為怨靈所苦的人們。他為羽生村（位於現在的茨城縣）一個名叫累的女子除靈的故事相當有名。

● 打倒的妖怪：怨靈　● 武器：念佛
● 登場的故事：『祐天上人累之解脫』、『耳袋』等

陽齋豐國『祐天上人累之解脫』（國立國會圖書館藏）

### 降伏許多妖怪的英雄們
## 源賴光與四天王

不管是襲擊人們家園、捕食人類的土蜘蛛，還是以大江山為根據地、擄走眾多京都美女的酒吞童子，都被平安時代的武將・源賴光和他的四名部下所擊敗。

● 打倒的妖怪：土蜘蛛、酒吞童子 ● 武器：太刀
● 登場的故事：『賴光四天王大江山鬼神退治之圖』、『宇治拾遺物語』等

月岡芳年『賴光四天王大江山鬼神退治之圖』（國立國會圖書館藏）

### 斬落鬼的手腕
## 渡邊綱

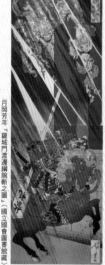

月岡芳年『羅城門源渡綱斬腕之圖』（國立國會圖書館藏）

賴光四天王之首。他在京都的一条歸橋以名刀「髭切太刀」砍下鬼怪手腕的事蹟相當著名。

● 打倒的妖怪：鬼、茨木童子
● 武器：太刀
● 登場的故事：『羅城門渡邊綱腕斬之圖』、『今昔物語集』等

### 小時後就能騎在熊身上的金太郎
## 坂田金時

相傳出現在許多繪本、為大家所熟悉的金太郎，就是賴光四天王之一的坂田金時（亦有阪田公時之稱）。因為擁有能和熊相撲的一身豪勇之力，因此被招募為家臣。傳說他的母親是妖怪中的山姥。

● 打倒的妖怪：酒吞童子
● 武器：太刀
● 登場的故事：『金太郎山狩』等

歌川重宣『金太郎山狩』（國立國會圖書館藏）

### 還有其他的妖怪狩獵者

● 安倍晴明…能驅使鬼怪為己所用的能力高超陰陽師。
● 空海…別名「弘法大師」。藉由祈禱術降伏了擾亂鄉里、被稱為手長足長的巨人。
● 源賴政…曾經以弓箭射下會發出奇怪鳴叫聲的鵺，並以名刀「獅子王」斬殺。

# 最強妖怪王者
## 爭霸淘汰賽對戰
### 準決賽

P126

九尾狐　　　　　　　　　崇德院

P128

清姬　　　　　　　　　　大嶽丸

　　漫長的最強妖怪王者爭霸淘汰賽對戰，現在來到了準決賽階段。晉級的四位
選手都是力量、妖力、智慧兼備的妖怪。
　　對戰沒有實體的崇德院，九尾狐會展開什麼樣的攻擊呢？讓人畏懼的鬼
神・大嶽丸愛好女色，清姬會不會運用對手的這項弱點呢？
　　不論是誰脫穎而出都不會令人感到意外，宣告準決賽開始的砲鳴聲已經響徹
天際！

# 九尾狐 對 崇德院

在亞洲叱吒風雲的妖狐・九尾狐，對決擁有強大的詛咒之力、相傳在生前就已經化身為大天狗的崇德院，這場戰鬥可以說是激烈的妖術王頂峰決定戰。不過，崇德院已經是爬升到被祭祀神明領域的厲害角色，究竟九尾狐會採取什麼樣的戰術呢？

## 決戰開始

### 1

**面對龐大的實力差距，**
**開戰就已經喪失戰意？**

看到漂浮在空中，從身體散發陣陣妖氣、口中吐出毒氣的崇德院，九尾狐似乎就已經失去戰意了。這是體會到正面對抗肯定贏不了的實力差距吧！

### 2

**比妖力贏不了，**
**就只能靠智慧決一勝負了**

不過，九尾狐可是靠詭詐計謀就讓許多國家覆滅的智慧型角色。此時牠所想到的，就是和生前的崇德院相當親近、死後也對他的靈魂予以安息撫慰的西行法師。

# 3

## 決勝點

崇德院的內心
有所動搖了……

「過去曾貴為玉座上之尊的您，現在變成這
副姿態，究竟有什麼意義呢？」聽聞西行法
師的對自己執著人世的諫言歌詠，內心被打
動的崇德院瞬間消失無蹤。

**關鍵的一擊!!**
偽善的說服話術

九尾狐巧妙地運用在江戶時代的文學
作品『雨月物語』裡一篇故事「白
峰」，藉由描述為崇德院鎮魂的情節
來取勝。

**勝者**

# 九尾狐

為了獲得勝利，九尾狐竟然裝
作事不關己的樣子，對崇德院訴
說繼續打下去是沒有意義的，結
果還真的讓崇德院放棄比賽。這
是一場不靠武力戰鬥，而是靠知
識智取的勝利。

下場對戰　清姬 對 大嶽丸 ⟹

最強的妖怪女子‧清姬，對上鬼神‧大嶽丸，實在是跟準決賽很相稱的組合呢！雖然預期會有一場激烈的拼鬥過程，但讓人在意的還是愛好女色的大嶽丸會採取什麼行動。如同大家所預料的，清姬以人類女性的姿態出現了，她想藉此讓大嶽丸大意的策略會成功嗎⋯⋯。

**1**

## 決戰開始

吊鐘陷阱
從頭的上方落下！

運用美色妖術戰法接近大嶽丸的清姬，瞬間就變身為大蛇的樣貌！並且成功地讓預設的吊鐘陷阱從上方落下，把對手關進裡面！

**2**

就這樣被關在大鐘裡，
然後被火焰燒盡嗎？

用身體一圈又一圈纏繞大鐘的清姬，使出了從體內放出紅蓮火焰焚燒大鐘的擅長戰法。只不過相當奇怪，大嶽丸卻一動也不動⋯⋯。

**最強妖怪王者爭霸淘汰賽對戰**

**3**

火焰什麼的 **決勝點**

根本不足為懼！

突然，大嶽丸從內部一口氣將大鐘
掰成兩半，還抓住了為此驚訝的清
姬，將她壓制在地。這是至今見識
過眾多敵人詭計，識破許多陷阱的
大嶽丸展現豐富經驗的一戰！

**關鍵的一擊!!**

鬼神流複合關節技

不追求一擊打倒，而是視長長身軀
的各個要點而定，採用讓對手無法
動彈、迫使她放棄的技巧。

燈

**勝者**

# 大嶽丸

　即便是妖怪女子，大嶽丸也一
視同仁。但戰鬥也僅止於壓制對
方為止，不取她性命這點也展現
了大嶽丸的性格。即便是鬼怪，
對待女性還是很溫柔啊！

129

## 準決賽　總評

擠進決勝戰窄門的就決定是這兩個妖怪了！在那之前，我們先來回顧一下準決賽的精彩激戰吧！

## 高智能的九尾狐與身經百戰的強者・大嶽丸

準決賽的兩場賽事，都是水準相當高的戰鬥。

面對沒有實體的崇德院，九尾狐以西行法師的歌詠讓對手成佛。這是若非熟悉崇德院的過往、並且通曉日本歷史就不可能做到的技巧。碰上擁有數千年智慧的妖狐，就連崇德院這種厲害角色也不得不低頭。

另外，大嶽丸也在過去經歷的諸多戰爭中累積了相當多的經驗，因而看穿了清姬的陷阱，一口氣拆穿了對手的設計。這裡與其說是動腦的結果，不如說是身經百戰的過往歷程變成了肌肉記憶、成為戰場上的一種直覺本能吧！

兼具力量、妖力、智慧，再加上只有自己擁有的特殊技能，就是這兩個妖怪勝出的原因吧！

### WINNER

### 九尾狐

崇德院即使算上變成怨靈的時代，道行也沒超過九百年。跟九尾狐比起來根本就像小孩一般。

### 大嶽丸

雖然清姬用女性的姿態讓大嶽丸一時鬆懈，但說起經驗，還是大嶽丸技高一籌。

# 生活在現今時代的妖怪們

如果認為妖怪是過去時代的產物就大錯特錯了。在現代社會中，新的妖怪們也持續在出沒。或許他們平常就在你的生活周遭活動也說不定喔。

## 或許就在學校或住家的附近也說不定……

對於類似「這是從朋友的朋友那邊聽說的故事」起頭的恐怖話題，就是被稱為「都市傳說」的現代版怪談喔！

### 用時速100km的疾速奔馳

## 人面犬

有著人類的面孔，還會說人話的狗。如果在街上叫住牠，還會粗暴地丟下一句「囉嗦」就揚長而去。速度能超越車子，開車時請務必小心。

- 出沒地域：日本全國
- 推測體長：約30cm
- 出處：都市傳說

### 因整形手術失敗而懷恨在心？

## 裂嘴女

穿著鮮紅外衣、戴著一副大口罩的年輕女性，突然拿下口罩……露出嘴角裂至耳根的大口！若是被她問「我漂亮嗎？」但卻回答很醜的話，會被她用剪刀殺害。

- 出沒地域：日本全國
- 推測體長：約160cm
- 出處：都市傳說

### 因意外事故讓下半身被切斷的女孩幽靈

## 爬行妖怪（てけてけ，teketeke）

只有上半身的女孩子亡靈，光是使用兩隻手就能以時速100km以上的速度襲擊人。如果在走夜路時聽到「teketeke」的奇怪聲音，一定要提高警覺！

- 出沒地域：日本全國
- 推測體長：約50cm
- 出處：都市傳說

## 在網路上流傳的妖怪

現在的新妖怪會因為在網路上成為話題而廣為流傳。對於那些警告大家不能去看的影片，請提醒自己時時刻刻要小心喔！

### 身體軟趴趴、真實身分不明的物體
# kunekune（くねくね）

會在盛夏時出現在水田等地方，身體會以奇怪的方式扭動的白色不明物體。如果是從遠方觀看還不會有太大問題，但若是在近處看它的話，據說就會精神異常。

- 出沒地域：日本全國
- 推測體長：約50～100cm
- 出處：網路

### 沒有頭部，臉長在胸前的怪物
# 山之怪（ヤマノケ）

在山中碰到時，會發出「Ten…Sou…Metsu」的奇怪聲音靠過來，據說會附身在女性身上。

- 出沒地域：日本全國
- 推測體長：約80cm
- 出處：網路

### 被盯上的男人都會遇害
# 八尺大人（はっしゃくさま）

身高八尺、約為2m40cm，頭上總是戴著什麼（大多是帽子）的女性妖怪。會用像是男性的聲調發出「波波波」的詭異笑聲。

- 出沒地域：日本全國
- 推測體長：約240cm
- 出處：網路

### 還有其他的妖怪
- 花子
- 鹿島小姐（カシマさん）
- 紅斗篷（赤マント）
- Hisaruki（ヒサルキ）
- 小小老頭（小さいおじさん）

132

最強妖怪王者
爭霸淘汰賽
決勝戰

大嶽丸

九尾狐

# 九尾狐 對 大嶽丸

比賽終於來到要決定誰是最強妖怪王者的決勝戰了！不管是九尾狐，還是大嶽丸，都是曾在過去顛覆國家的大妖怪。將這場戰鬥譽為可能會改變日本命運的史上最大決戰也不為過。了解大嶽丸愛好女色的九尾狐，變身成美女的姿態伺機接近對手……。

## 1

**大嶽丸果然對美女沒有抵抗力！**

變身成美女的九尾狐，以過去魅惑諸國君王的美貌姿色讓大嶽丸放下戒心，一口氣拉近彼此的距離。接著突然就是拔刀一斬，大嶽丸的頭顱就這樣滾落地面！乍看之下就此分出勝負了……。

## 決戰開始

## 2

**頭顱不管被砍掉幾次都會回復原狀！**

大嶽丸的身體撿起正露出笑容的頭顱，將頭放回原位。不管九尾狐砍掉幾次，這招對於不死體質的大嶽丸顯然無效。連九尾狐這樣的角色都開始著急了！

# 決勝點

## 3 在這場世紀大決戰勝出的會是誰!?

為了封住對手的妖術，九尾狐想到了人類所使用的陰陽術！立刻結起九字印並唱誦咒文，成功地將大嶽丸的頭顱封印在結界之中。這樣一來，大嶽丸就無法復活了。這是攀上妖怪世界頂點的一瞬間！

## 關鍵的一擊!!

### 打破禁忌的逆陰陽術

身為妖怪竟然使用了曾封印各式各樣妖怪的咒文，這簡直是犯規到了極點啊！真不愧是最強的妖怪！

### 勝者

# 九尾狐

九尾狐竟然使用至今讓諸多妖怪所苦的人類陰陽道咒術，這實在超乎大嶽丸的意料。真不愧是活了數千年、行經各個國家，累積了許多知識與術法的大妖怪。

## 決勝戰　　總評

最強妖怪王者就此大勢底定！雙方的實力都在伯仲之間，僅有相當微小的差距。
那麼，其中的差距到底是什麼呢？

### 對戰不死身體質的大嶽丸，九尾狐採用的戰術是……

　　大嶽丸最讓人感到棘手的，既非神通力，也不是力量，而是那副不管被砍頭幾次都能復活的不死身體。為了對付不死的體質，九尾狐選擇的方針是使用人類的陰陽術，藉此封印對手的復活機會。

　　雖然其對人類社會與歷史的知識相當豐富這點，確實令人驚訝，但九尾狐竟然還使用作為敵人的人類所施展的陰陽術，更加讓人恐懼。

　　或許，這就是狡猾的九尾狐能夠獲得最後勝利的最大要因也說不定呢！

### WINNER

大嶽丸只有在保有「三明之劍」的時候，才能在頭被砍掉的狀況下復活。

施展人類的陰陽術來封印大嶽丸的頭顱。能夠做到這種地步的出招，人類之流終究是沒有打贏的勝算的。

# 優勝
# 九尾狐

## 總評

　　最終戴上最強妖怪王者冠冕的就是九尾狐。將高層次的力量、妖力、智慧等巧妙融合，不管遭遇什麼樣的場面都能應對自如，想必是勝出的關鍵原因。

　　只不過，俗話說「勝敗乃時運」。如果再次舉辦這類賽事的話，這次沒有出場的妖怪們或許有機會參戰，而這次運氣不佳敗陣的妖怪應該也可能變得更強。現在妖怪們回歸黑暗的世界後，可能也會持續枕戈待旦、不斷歷練自己，等待下一次大戰的來臨吧⋯⋯。

# 登場妖怪名鑑 （日文原文五十音排序）

在這裡為大家整理了本書登場的 35 個妖怪資料。只不過，不管是日本還是整個世界，除了這 35 個妖怪以外，還存在著數量相當多的妖怪……。

## 猪笹王（いざさおう）

P035～037

體長 ——（推測）3m
傳承地區 —— 傳承地區 奈良縣
必殺技 —— 獨腳突進
出 處 —— 出處『奈良縣史』等

## 磯女（いそおんな）

P019～021

體長 ——（推測）150cm
傳承地區 —— 九州地區
必殺技 —— 吸血之髮
出 處 —— 『綜合日本民俗語彙』等

## 牛鬼（うしおに）

P034、036～037、074～075

體長 ——（推測）5m
傳承地區 —— 本州、四國、九州地區
必殺技 —— 水中拖曳
出 處 —— 『枕草子』、『化物盡繪卷』等

## 海坊主（うみぼうず）

P100、102～103

體長 ——（推測）30m
傳承地區 —— 全國
必殺技 —— 閃耀的雙瞳
出 處 —— 『雨窗閑話』、『本朝俗諺志』等

## 狼人（おおかみおとこ）

P089～091

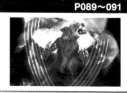

體長 ——（推測）180cm
傳承地區 —— 歐洲
必殺技 —— 感染的爪與牙
出 處 —— 歐洲民間傳承

### 大嶽丸（おおたけまる）　P080～083、120～121、128～129、134～135

體長 ──── （推測）30m
傳承地區 ── 東北、近畿地區
必殺技 ──── 多樣性的術法和不死之體
出處 ──── 『鈴鹿草紙』、『田村草紙』等

### 大入道（おおにゅうどう）　P068～071、118～119

體長 ──── （推測）2m～數千m
傳承地區 ── 日本全國
必殺技 ──── 活用巨大身體的掌擊
出處 ──── 『月堂見聞集』、『西播怪談實記』等

### 大蜈蚣（おおむかで）　P023～025、062～063、116～117

體長 ──── （推測）100m
傳承地區 ── 關東、中部、近畿地區
必殺技 ──── 猛毒之牙
出處 ──── 『和漢三才圖會』、『今昔物語集』等

### 鬼婆（おにばば）　P031～033

體長 ──── （推測）230cm
傳承地區 ── 本州、四國、九州地區
必殺技 ──── 自豪的出刃
出處 ──── 『土佐妖怪草紙』等

### 鍛治婆婆（かじがばばあ）　P088、090～091

體長 ──── （推測）70cm
傳承地區 ── 高知縣
必殺技 ──── 狼群協力攻擊
出處 ──── 『繪本百物語』、『桃山人夜話』等

### 河童（かっぱ）　P039～041

體長 ──── （推測）80cm
傳承地區 ── 日本全國
必殺技 ──── 強大的腕力
出處 ──── 『水虎十二品之圖』、『北齋漫畫』等

## 鎌鼬（かまいたち）

P030、032～033、070～071

體長 ——（推測）50cm
傳承地區 —— 北海道、本州、四國地區
必殺技 —— 如風一般的斬擊
出 處 ——『狂歌百物語』等

## 奇美拉（キマイラ，Chimera）

P093～095

體長 ——（推測）200cm
傳承地區 —— 歐洲
必殺技 —— 野獸的能力與火焰
出 處 —— 希臘神話

## 九尾狐（きゅうびのきつね）

P057～059、114～115、126～127、134～135、137

體長 ——（推測）5m［人類狀態時為160cm］
傳承地區 —— 京都府、栃木縣
必殺技 —— 死後也不會消失的妖力
出 處 ——『山海經』、『神明鏡』等

## 清姬（きよひめ）

P072～075、118～119、128～129

體長 ——（推測）150cm（蛇型態：數m）
傳承地區 —— 和歌山縣
必殺技 —— 伴隨火焰的束縛技
出 處 ——『大日本國法華驗記』、
　　　　　『今昔物語集』等

## 克拉肯（クラーケン，Kraken）

P101～103

體長 ——（推測）100m
傳承地區 —— 挪威
必殺技 —— 纏繞之腳
出 處 —— 北歐傳承

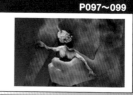

## 獨眼巨人（サイクロプス，Cyclops）

P097～099

體長 ——（推測）300m
傳承地區 —— 希臘
必殺技 —— 巨體的剛猛之力
出 處 —— 希臘神話

## 女郎蜘蛛（じょろうぐも） P027～029

體長 ────（推測）100cm
傳承地區 ── 本州
必殺技 ──── 傀儡小蜘蛛
出 處 ────『太平百物語』、『宿直草』等

## 崇德院（すとくいん） P064～067、116～117、126～127

體長 ────（推測）170cm
傳承地區 ── 京都府、香川縣
必殺技 ──── 以怨念增幅的詛咒之力
出 處 ────『百錬抄』、『雨月物語』等

## 大太法師（だいだらぼっち） P096、098～099

體長 ────（推測）1km
傳承地區 ── 除了北海道和沖繩之外的日本各地
必殺技 ──── 巨大頭顱的身軀
出 處 ────『奇談一笑』、『常陸國風土記』等

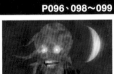

## 土蜘蛛（つちぐも） P026、028～029、066～067

體長 ────（推測）150cm
傳承地區 ── 近畿地區
必殺技 ──── 蘊含妖力的眼睛
出 處 ────『平家物語』、『土蜘蛛草紙』等

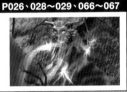

## 鐵鼠（てっそ） P.015～017、054～055

體長 ────（推測）30cm
傳承地區 ── 京都府
必殺技 ──── 鼠群的總攻擊
出 處 ────『源平盛衰記』、『太平記』等

## 天狗（てんぐ） P052～055、114～115

體長 ────（推測）250cm
傳承地區 ── 日本全國
必殺技 ──── 神通力、武藝
出 處 ────『平家物語』、『吾妻鏡』等

## 西洋龍（ドラゴン・Dragon）

P105～107

體長 ——（推測）100m
傳承地區 —— 歐洲
必殺技 —— 毒與焰的吐息
出 處 —— 北歐神話、希臘神話

## 鵺（ぬえ）

P092、094～095

體長 ——（推測）180cm
傳承地區 —— 京都府
必殺技 —— 詛咒的鳴叫聲
出 處 ——『古事記』、『萬葉集』、『平家物
語』等

## 貓又（ねこまた）

P014、016～017

體長 ——（推測）45cm
傳承地區 —— 本州、四國、九州地區
必殺技 —— 驚人的跳躍攻擊
出 處 ——『明月記』、『宿直草』等

## 化狸（ばけたぬき）

P056、058～059

體長 ——（推測）170cm
傳承地區 —— 本州、四國、九州地區
必殺技 —— 秘技・八疊敷變化
出 處 ——『日本書紀』、『宇治拾遺物語』
等

## 狒狒（ひひ）

P042、044～045、082～083

體長 ——（推測）3m
傳承地區 —— 本州、四國、九州地區
必殺技 —— 異常的腕力
出 處 ——『和漢三才圖會』等

## 山爺（やまじじい）

P043～045

體長 ——（推測）150cm
傳承地區 —— 四國地區
必殺技 —— 強大的咬合力
出 處 ——『土佐妖怪草紙』等

## 八岐大蛇（やまたのおろち） P104、106～107

體長 ——— （推測）200m
傳承地區 —— 山陰地區
必殺技 —— 八頭的多樣化攻擊
出 處 ——— 『古事記』、『日本書紀』等

## 雪女（ゆきおんな） P038、040～041、078～079

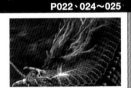

體長 ——— （推測）170cm
傳承地區 —— 本州、四國、九州地區
必殺技 —— 瞬間冰結
出 處 ——— 『化物盡繪卷』、『怪談』等

## 雷獸（らいじゅう） P022、024～025

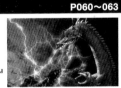

體長 ——— （推測）30cm
傳承地區 —— 本州、四國地區
必殺技 —— 電擊爪
出 處 ——— 『繪本百物語』、『越後名寄』等

## 龍（りゅう） P060～063

體長 ——— （推測）50m
傳承地區 —— 日本全國
必殺技 —— 操控大量的水
出 處 ——— 『和漢三才圖會』、『宇治拾遺物語』
　　　　　等

## 轆轤首（ろくろくび） P018、020～021

體長 ——— （推測）150cm
傳承地區 —— 本州、四國、九州地區
必殺技 —— 長頸絞殺技
出 處 ——— 『古今百物語評判』、『甲子夜話』等

## 輪入道（わにゅうどう） P076～079、120～121

體長 ——— （推測）2～3m
傳承地區 —— 京都府、滋賀縣
必殺技 —— 燃燒劇烈的炎之突進
出 處 ——— 『今昔畫圖續百鬼』

## 主要參考文獻

『改訂・攜帶版 日本妖怪大事典』画／水木しげる、編著／村上健司（KADOKAWA）
『妖怪ひみつ大百科』村上 健司（永岡書店）
『妖怪最強王図鑑』監修／多田 克己（学研プラス）
『世界の妖怪大百科』学研教育出版（学研教育出版）
『日本の妖怪完全ビジュアルガイド』監修／小松 和彦、飯倉義之（カンゼン）
『大迫力！日本の妖怪大百科』山口 敏太郎（西東社）
『大迫力！世界の妖怪大百科』山口 敏太郎（西東社）

TITLE ·

# 妖怪競技場 前所未見的夢幻對決

STAFF

| | |
|---|---|
| 出版 | 瑞昇文化事業股份有限公司 |
| 監修 | 村上健司 |
| 譯者 | 徐承義 |
| | |
| 總編輯 | 郭湘齡 |
| 文字編輯 | 徐承義　蔣詩綺　李冠緯 |
| 美術編輯 | 孫慧琪 |
| 排版 | 執筆者設計工作室 |
| 製版 | 印研科技有限公司 |
| 印刷 | 桂林彩色印刷股份有限公司 |
| | |
| 法律顧問 | 經兆國際法律事務所　黃沛聲律師 |
| | |
| 戶名 | 瑞昇文化事業股份有限公司 |
| 劃撥帳號 | 19598343 |
| 地址 | 新北市中和區景平路464巷2弄1-4號 |
| 電話 | (02)2945-3191 |
| 傳真 | (02)2945-3190 |
| 網址 | www.rising-books.com.tw |
| Mail | deepblue@rising-books.com.tw |
| | |
| 初版日期 | 2019年1月 |
| 定價 | 280元 |

ORIGINAL JAPANESE EDITION STAFF

| | |
|---|---|
| 編集 | 坂尾昌昭、木村伸二、中尾祐子、 |
| | 北村耕太郎（株式会社G.B.） |
| 執筆協力 | 幕田けい太 |
| CGイラスト | 服部雅人、河野隼也 |
| デザイン | 森田千秋（G.B.Design House） |
| DTP | 松田祐加子（プールグラフィックス） |

國家圖書館出版品預行編目資料

妖怪競技場：前所未見的夢幻對決 / 村
上健司監修；徐承義譯. -- 初版. -- 新北
市：瑞昇文化, 2019.01
144面；14.8x21公分
譯自：妖怪最強バトル大図鑑
ISBN 978-986-401-307-4(平裝)
1.妖怪 2.通俗作品 3.日本

298.6　　　　　　　　　107023207

妖怪 最強バトル大図鑑
(YOUKAI SAIKYO BATTLE DAIZUKAN)
by 村上 健司
Copyright © 2018 by Kenji Murakami
Original Japanese edition published by Takarajimasha, Inc.
Chinese (in traditional character only) translation rights arranged with Takarajimasha, Inc.
through CREEK & RIVER Co., Ltd., Japan
Chinese (in traditional character only) translation rights
© 2018 by Rising Books.